곤충은 어떻게 먹이를 찾을까?

여러 가지 밥을 먹는 곤충 이야기

곤충은 어떻게 먹이를 찾을까?

여러 가지 밥을 먹는 곤충 이야기

정부희 글 | 옥영관 그림

보리

차례

풀잎을 먹는 곤충

소리쟁이 풀을 먹는 좀남색잎벌레 · 8

쑥을 좋아하는 쑥잎벌레와 작은멋쟁이나비 · 18

괭이밥 밥집에 모인 남방부전나비 · 30

고개 숙인 개망초에 사는 국화하늘소 · 38

나뭇잎을 먹는 곤충

쥐똥나무 잎을 갉아 먹는 별박이자나방 · 54

버드나무 잎을 먹는 버들잎벌레 · 64

넉넉한 팽나무 품에 안겨 사는 왕오색나비 · 72

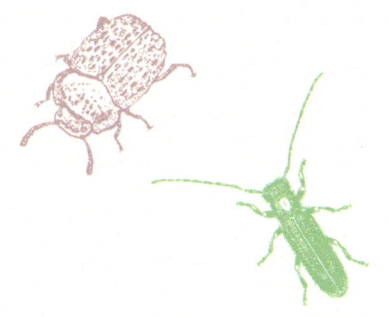

꽃 꿀과 꽃가루, 열매를 먹는 곤충

서양민들레 꿀을 먹는 꿀벌 · 88

도토리 집에서 사는 도토리거위벌레 · 96

팥알 하나도 배부르게 먹는 팥바구미 · 104

버섯을 먹는 곤충

아까시재목버섯을 먹고 사는 넓적가시거저리 · 114

삼색도장버섯을 먹고 사는 흑진주거저리 · 126

여름 들머리에 버섯을 찾아오는 고오람왕버섯벌레 · 134

노란망태버섯에 사는 송장벌레 · 142

풀잎을 먹는 곤충

소리쟁이 풀을 먹는
좀남색잎벌레

3월 말이면 꽃샘추위가 심술부리지만 봄볕이 하루가 다르게 따뜻해져요. 덩달아 풀밭에서는 꽃다지, 냉이, 봄맞이꽃 같은 키 작은 풀들이 여기저기서 돋아나지요. 소리쟁이 풀도 그 틈에 끼어 토끼 귀처럼 훤칠하게 자라나요. 파릇파릇하고 보들보들한 새잎을 뒤적이는데 갑자기 콩알만 한 벌레가 땅바닥으로 뚝 떨어지네요. 누굴까요? 아! 소리쟁이 풀을 짝사랑하는 좀남색잎벌레군요.

마음씨 좋은 소리쟁이 풀

소리쟁이는 온 나라 어디서나 발에 밟힐 만큼 흔한 풀이에요. 소리쟁이는 3월 중순부터 논둑, 들길, 하천가 같은 물기가 많은 곳에서 쑥쑥 자라나요. 잎사귀는 볼품없이 길고, 키만 훌쩍 커서 귀여운 구석이라고는 하나도 없습니다. 5월에 피는 꽃도 너무나 소박해서 꽃이라는 생각이 안 들 정도이지요. 이렇게 생김새는 예쁘지 않지만 곤충들에게는 인기가 많아요. 풀을 먹는 곤충들은 거의 자기가 좋아하는 식물을 정해 놓고 먹는데, 좀남색잎벌레는 소리쟁이를 밥으로 삼는 곤충이지요. 소리쟁이는 한 해가 시작되면 가장 먼저 찾아오는 단골손님인 좀남색잎벌레를 반갑게 맞이해서 밥도 먹여 주고, 새끼도 키워 주고, 집도 빌려줍니다.

소리쟁이 풀은 좀남색잎벌레말고도 소리쟁이수염진딧물, 딸기잎벌레, 큰주홍부전나비 애벌레와 작은주홍부전나비 애벌레에게도 공짜로 잎사귀 밥을 주지요.

소리쟁이　　　　　　　　　돌소리쟁이

사파이어 보석처럼 빛나는 좀남색잎벌레

이른 봄 소리쟁이 잎이 삐쭉삐쭉 올라오기 시작할 때면 좀남색잎벌레는 어김없이 겨울잠에서 깨어나요. 좀남색잎벌레는 도시 한복판이든 깊은 산골짜기든 소리쟁이 풀만 있으면 온 나라 구석구석 어디서나 살지요.

좀남색잎벌레는 족보상 딱지날개가 딱딱한 딱정벌레목 가문에 잎벌레과 집안 식구예요. 몸길이는 아무리 길어도 6밀리미터 안팎으로 팥알만 해서 맨눈에도 잘 띄어요. 온몸은 짙은 남색을 띠고 있어서 보석으로 치면 사파이어 같지요. 게다가 겉은 참기름을 바른 것처럼 반짝반짝 윤이 나요. 몸매는 절구통처럼 두루뭉술하고, 더듬이는 염주처럼 생겨서 마치 구슬을 실에 꿰어 놓은 것 같습니다.

좀남색잎벌레는 추운 겨울을 땅속에서 아무것도 안 먹고 겨울잠을 자다가 깨어납니다. 좀남색잎벌레가 땅 밖으로 나와 맨 먼저 하는 일은 밥을 먹는 것이에요. 물가에 널린 소리쟁이 풀을 보자 걸음걸이가 바빠져요. 뒤뚱뒤뚱 걸어 잎에 도착하자마자 주둥이를 잎에 대고 싹둑 한입 베어 아삭아삭 씹어 먹습니다. 다른 좀남색잎벌레는 잎 가장자리에 대롱대롱 매달려 잎을 먹으며 굶주린 배를 채우느라 정신없네요.

밥 먹는 모습이 하도 귀여워서 한번 쓰다듬어 주려고 손가락을 살짝 댔어요. 그랬더니 그만 소리쟁이 밥상에 모여 있던 좀남색잎벌레들이 모두 한꺼번에 땅바닥으로 후드득 떨어지네요. 땅에 떨어지자 더듬이와 다리를 오그려 배에 꼭 붙인 채 뒤집혀 꼼짝도 안 해요. 지금은 정신을 잃고 죽은 척 하느라 아무리 건드려도 '나 죽었어.' 하며 꼼짝달싹 안 합니다. 몇 분이 지나자 비로소 정신을 차린 뒤 움츠렸던 다리와 더듬이를 펼치고는 서둘러 도망가네요.

여러 가지 남색잎벌레

좀남색잎벌레
몸길이 5mm 안팎

등빨간남색잎벌레
몸길이 5mm 안팎

남색잎벌레
몸길이 8mm 안팎

남색잎벌레 색깔 변이

봄은 짝짓기 철

한낮이 되었어요. 소리쟁이 잎 위로 좀남색잎벌레 암컷이 알을 잔뜩 밴 노란 배를 질질 끌고 나타났어요. 금방이라도 터질 것 같이 배가 잔뜩 불러서 보기만 해도 숨이 차요. 암컷은 잎 가운데에 자리 잡고 열심히 밥을 먹습니다. 뒤이어 나타난 수컷이 밥을 먹고 있는 암컷에게 다가가네요. 수컷은 암컷보다 몸집이 작고 배가 홀쭉해서 금방 알 수 있어요. 수컷은 더듬이로 암컷 더듬이를 툭툭 건드리며 암컷 마음에 들려고 애를 씁니다. 그러기를 여러 번 되풀이해도 암컷이 가만히 있으니 이제 슬금슬금 암컷 등에 올라타 짝짓기를 하려고 해요. 암컷은 수컷이 마음에 들었는지 가만히 있어요.

수컷은 암컷 등에 올라가 다리 여섯 개로 터질 것 같은 암컷 배를 꼭 잡고 짝짓기를 합니다. 그 모습이 마치 암컷이 수컷을 업은 것처럼 보여요. 암컷은 짝짓기를 하면서도 줄곧 밥을 먹죠. 등에 올라탄 수컷은 밥 먹는 암컷을 방해하지 않으려는 듯이 꼼짝도 안 해요.

바로 그때예요. 어디선가 다른 수컷이 나타나 짝짓기 하고 있는 좀남색잎벌레 암컷과 수컷을 덮쳤습니다. 그러자 짝짓기 하던 수컷은 암컷 몸을 더욱 단단히 잡고 떨어지지 않으려고 애를 써요. 뒤늦게 온 수컷은 암컷 등에 있는 수컷을 물어뜯고, 다리로 짓밟으며 마구잡이로 괴롭히네요. 그러더니 이번에는 아예 먼저 온 수컷 목덜미를 잡았습니다. 짝짓기 하던 수컷은 몸이 뒤로 젖혀지면서도 암컷 등에서 안 떨어지려고 안간힘을 씁니다.

　수컷들끼리 그러거나 말거나 암컷은 자기 등 위에서 수컷들끼리 싸움이 일어났는데도 아무런 관심도 없고 오로지 소리쟁이 잎만 열심히 뜯어 먹습니다. 알을 낳으려면 몸에 영양분이 많이 필요하기 때문이에요. 이윽고 등에 탄 수컷이 꼼짝도 안 하자 뒤늦게 온 수컷은 온몸에 힘이 다 빠졌는지 다른 곳으로 날아갔어요. 다시 평화를 찾은 좀남색잎벌레 부부는 봄 햇살을 받으며 걱정 없이 사랑을 나눕니다.

좀남색잎벌레 짝짓기
수컷이 암컷 등에 올라타 짝짓기를 한다.
암컷은 배가 뚱뚱하다.

그런데 왜 다른 수컷이 짝짓기 하는 암컷과 수컷을 덮칠까요? 그 까닭은 암컷이 풍기는 페로몬 냄새 때문이에요. 암컷이 내뿜는 페로몬 냄새를 맡고 뒤늦게 온 수컷은 이미 짝짓기를 하고 있거나 말거나 아무 상관하지 않아요. 먼저 짝짓기를 하는 수컷을 쫓아내서라도 자기가 짝짓기를 하려고 애쓰는 것이지요.

뭉치면 살고 흩어지면 죽는다

짝짓기를 마친 암컷은 소리쟁이 잎 뒤에 알을 낳습니다. 알은 노랗고, 쌀같이 갸름하게 생겨서 기름기가 자르르 흘러요. 암컷은 알 낳는 산란관을 천천히 움직이며 한 개씩 한 개씩 알끼리 떨어지지 않게 붙여 낳습니다. 알을 낳으면서 끈적끈적한 풀 같은 물이 함께 나오기 때문에 알들은 서로 찰싹 달라붙지요. 이렇게 낳는 까닭은 무엇일까요? 뭉치면 살고 흩어지면 죽는 법이니까요. 알은 하나씩 있는 것보다 한데 뭉쳐 있어야 천적에게 덜 먹혀요.

알을 낳은 지 열흘이 지났습니다. 알에서 깨어난 애벌레는 소리쟁이 잎을 먹으며 무럭무럭 자라지요. 애벌레들은 떼로 모여 밥을 먹는데, 얼마나 먹성이 좋은지 소리쟁이 잎맥만 남기고 다 먹어 치웁니다. 이렇게 20일쯤 동안 먹기만 하던 애벌레가 갑자기 밥을 딱 끊네요. 그러고서는 슬금슬금 땅속으로 들어가 번데기로 탈바꿈해요. 5월 중순부터 6월 초쯤이면 어른벌레로 날개돋이 해서 다시 땅 위로 올라와 소리쟁이로 배를 채웁니다. 그리고 다시 땅속으로 들어가 6월 말부터 이듬해 봄까지 긴 잠을 잡니다.

소리쟁이를 먹고 사는 또 다른 곤충들

소리쟁이진딧물

좀남색잎벌레가 땅속에서 번데기가 될 즈음, 소리쟁이 잎에는 소리쟁이진딧물이 판을 칩니다. 잎과 줄기에 다닥다닥 붙은 거무튀튀한 진딧물이 소리쟁이 풀에 아예 눌러앉아 즙을 쭉쭉 빨아 먹어요. 진딧물 몸은 얼마나 무르고 약한지, 살짝만 만져도 물컹거리며 으깨집니다.

딸기잎벌레와 상아잎벌레

딸기잎벌레와 상아잎벌레도 소리쟁이 잎을 밥으로 먹어요. 딸기잎벌레는 3~4밀리미터밖에 안 되는 작은 잎벌레인데 좀남색잎벌레와 같은 때에 나와 돌아다녀요. 딸기잎벌레는 소리쟁이뿐만 아니라 이름처럼 딸기나 여뀌 같은 여러 식물을 먹습니다. 알에서 깨어난 애벌레도 역시 무리 지어 소리쟁이 잎을 갉아 먹지요. 딸기잎벌레는 한 해에 한살이가 여러 번 돌아가 봄부터 가을까지 볼 수 있어요. 겨울에는 어른벌레로 땅속에서 겨울잠을 잡니다.

상아잎벌레도 즐겨 먹는 풀인 호장근이 없으면 소리쟁이를 먹고 살아요. 상아잎벌레 애벌레도 다 자라면 흙 속으로 들어가 번데기로 탈

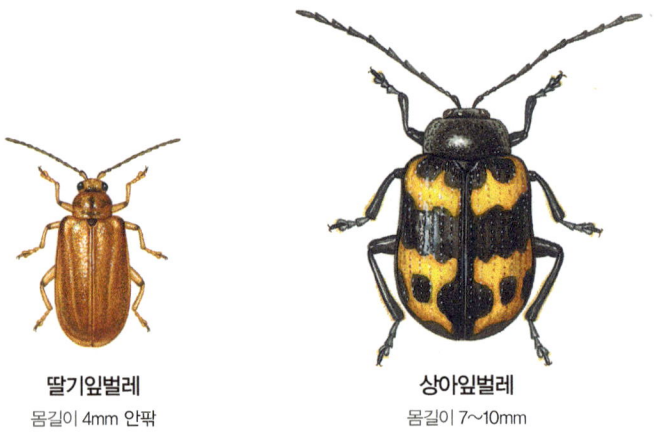

딸기잎벌레
몸길이 4mm 안팎

상아잎벌레
몸길이 7~10mm

바꿈한 뒤 여름 들머리에 날개돋이 해요. 날씨가 추워지면 어른벌레로 겨울을 난답니다.

큰주홍부전나비 애벌레

소리쟁이 풀을 먹고 사는 나비 애벌레가 있어요. 바로 큰주홍부전나비와 작은주홍부전나비 애벌레예요. 이 꽃 저 꽃을 날아다니며 꽃꿀을 먹은 엄마 큰주홍부전나비와 작은주홍부전나비는 소리쟁이 풀에서 나는 독특한 냄새에 이끌려 날아와 알을 낳습니다. 알에서 깨어난 애벌레는 풀빛을 띠는데, 하루 종일 소리쟁이 잎을 먹어 대요. 날씨가 추워지면 애벌레로 땅속에서 겨울을 나고, 따뜻한 봄이 오면 다시 잎 위에 올라와 푸짐한 소리쟁이 잎을 먹지요. 낮과 밤 사이 온도 차이가 심한 날이나 추운 밤이 되면 다시 땅속으로 들어가 쉽니다.

큰주홍부전나비
날개 편 길이 26~41mm

수컷 · 수컷 옆모습 · 암컷 · 암컷 옆모습

점무늬가 가지런하다.

작은주홍부전나비
날개 편 길이 26~34mm

수컷 · 수컷 옆모습 · 암컷

점무늬가 들쭉날쭉하다.

큰주홍부전나비 한살이

알 · 애벌레 · 번데기

쑥을 좋아하는
쑥잎벌레와 작은멋쟁이나비

 가을이 되자 풀잎과 나뭇잎들이 노릇노릇 불긋불긋 바뀌어 가네요. 선선한 바람이 살랑살랑 불어와 기분 좋은 낮이에요. 풀밭에서는 쑥들이 훌쩍 자라 제 허리춤까지 올라왔습니다. 쑥밭 가까이에만 가도 쑥 냄새가 풀풀 나네요. 쑥은 아주 강하고 독특한 냄새를 풍겨요. 쑥들도 꽃 같지 않은 수수한 꽃을 피우고 있네요. 자그마한 쑥 꽃을 가까이 보려고 고개를 숙이니 웬 곤충이 쑥 잎 위에 앉아 있어요. 반짝반짝 기름기가 자르르 흐르는 것을 보니 쑥잎벌레군요. 쑥잎벌레는 가을이면 우리나라 어디든지 쑥밭만 있으면 어김없이 '짠' 하고 나타납니다.

가을 타는 쑥잎벌레

 어른 쑥잎벌레는 4월부터 11월까지 심심찮게 만날 수 있지만, 유난히 가을에 자주 만납니다. 그래서 9월에 쑥 꽃이 필 무렵이면 쑥잎벌레들이 키가 훌쩍 커 버린 쑥 줄기를 타고 하나둘 뒤뚱뒤뚱 기어 나오죠. 쑥잎벌레는 몸이 딱딱한 딱정벌레목 가문에 잎벌레과 집안 식구예요. 잎벌레라는 이름은 애벌레와 어른벌레 모두 식물 잎을 먹고 살기 때문에 붙었어요. 쑥잎벌레는 이름처럼 쑥 잎만 먹고 살죠. 참 기억하기 쉬운 이름이지요?

쑥잎벌레는 몸매가 메주콩처럼 두루뭉술해 후덕하게 보입니다. 몸길이는 1센티미터쯤 되어서 곤충치고는 제법 큰 편이라 맨눈으로도 잘 볼 수 있답니다. 몸 색깔은 저마다 조금씩 달라서 어떤 녀석은 청동색이고, 어떤 녀석은 사파이어 보석처럼 짙은 파란색을 띠어요. 이렇게 같은 종인데도 몸빛이 다른 것을 한자말로 '색깔 변이'라고 하죠. 겉은 기름을 칠한 것처럼 반질반질 윤이 나 굉장히 아름다워요. 다리는 짧은 편이고, 더듬이는 염주처럼 생겨서 구슬을 실에 촘촘히 꿰어 놓은 것 같습니다.

쑥잎벌레
몸길이 7~10mm

색깔 변이

쑥은 쑥잎벌레 밥상

쑥잎벌레가 먹는 밥은 쑥이에요. 쑥잎벌레가 아직 단풍 들지 않은 쑥잎이나 꽃봉오리에 앉아 잎을 싹둑싹둑 베어 맛있게 씹어 먹네요. 배부르게 먹다가 마음에 드는 짝을 만나면 짝짓기도 하니, 쑥은 쑥잎벌레에게 밥집이자 만남의 장소이지요. 쑥잎벌레는 암컷과 수컷 생김새가 살짝 다른데 이때쯤이면 암컷과 수컷을 한눈에 알아볼 수 있습니다. 암컷은 엄청 뚱뚱하고 수컷은 날씬하거든요. 암컷 배는 연보랏빛 풍선처럼 부풀어 금방이라도 터질 것 같습니다. 그래서 딱지날개가 배를 다 못 덮고, 걸을 때면 배가 바닥에 질질 끌릴 정도예요. 이에 비해 수컷은 딱지날개가 배를 완전히 다 덮고 있지요.

쑥

쑥잎벌레 암컷이 쑥을 먹고 있다.

마침 암컷이 배를 실룩거리며 쑥 잎에 앉아 밥을 먹고 있네요. 얼마 안 있어 수컷이 암컷 옆으로 다가와 더듬이로 암컷 몸을 툭툭 칩니다. 이미 암컷이 성페로몬을 뿜어 놓았기 때문에 암컷은 아무런 내색도 하지 않고 쑥 잎만 오물오물 씹어 먹지요. 기회를 엿보던 수컷이 얼른 암컷 등 위로 올라타네요. 그러고는 배부른 암컷을 안지도 못하고, 딱지날개 위에 다리 6개를 엉거주춤 올려놓은 채 짝짓기를 하려고 애씁니다. 암컷은 수컷이 등에 올라타 짝짓기를 하는데도 아무 일도 없는 듯 쑥 잎만 맛있게 먹고 있습니다.

이렇게 짝짓기를 마친 암컷은 알을 낳으러 뒤뚱뒤뚱 걸어서 이 쑥 저 쑥을 돌아다니며 마음에 드는 쑥 잎을 고릅니다. 드디어 암컷은 알맞은 잎 뒷면에 배 꽁무니를 대고 알을 낳네요. 잎벌레들은 알을 낳는 산란관이 굉장히 짧아서 잎사귀 겉에 배 끝을 대고 알을 낳습니다. 짝짓기를 마친 쑥잎벌레 가운데 죽지 않고 겨울을 나는 어른벌레도 있어요. 날씨가 추워지면 어른벌레는 덤불 속이나 가랑잎 속, 흙 속으로 들어가 겨울잠을 자요. 이렇게 쑥잎벌레는 알로도, 어른벌레로도 겨울을 납니다.

봄 쑥밭에 나온 애벌레

봄이 되어 따뜻한 바람이 불어오니 길가에도 언덕배기에도 쑥 잎이 파릇파릇 돋아나요. 이때쯤 알에서 쑥잎벌레 애벌레가 깨어납니다. 발길 닿는 데마다 깔린 쑥 잎에 발그스름한 애벌레가 꼬물꼬물 기어 와 쑥 잎을 오물오물 씹어 먹고 있네요. 좀처럼 얼굴을 볼 수 없는 쑥잎벌레 애벌레를 만나다니 아주 운이 좋습니다.

쑥잎벌레 애벌레는 몸매가 뚱뚱하고 두루뭉술해요. 어찌 보면 배불뚝이 오뚝이 같고, 어찌 보면 등 굽은 새우 같습니다. 몸이 묵직하다 보니 가뜩이나 짧은 다리가 몸에 가려 잘 보이지 않네요. 몸 색깔은 불그스름하고 살갗에는 털들이 보송보송 났어요. 마침 그때 늑대거미 한 마리가 다가오자, 겁먹은 애벌레는 잎 아래로 뚝 떨어집니다. 얼른 덤불을 헤치고 찾아보니 쑥잎벌레 애벌레가 흙바닥에 누워 있네요. 몸 색깔이 흙색이랑 비슷해서 눈에 잘 띄지 않습니다.

애벌레가 하는 일은 밥 먹는 일이에요. 날마다 배고프면 잎 위에 얌전히 앉아 먹기만 합니다. 한 잎을 다 먹으면 옆에 있는 잎사귀로 옮겨 가서 그곳에서 또 밥을 먹지요. 그러다 배부르거나 온도가 내려가는 저녁이 되면 땅속으로 들어가 쉽니다. 그래서 온 들판이 쑥밭이어도 쑥잎벌레 애벌레를 보기가 힘든가 봐요. 쑥잎벌레 애벌레는 배가 고프지 않을 때는 쑥 뿌리 둘레 흙 속에 들어가 꼼짝 않고 있습니다. 배가 고플 때만 엉금엉금 쑥 줄기를 타고 기어 올라와 쑥 잎을 먹지요. 다 자란 애벌레는 땅속으로 내려가 지내다 번데기로 탈바꿈하고, 가을에 어른벌레가 되어 나옵니다.

작은멋쟁이나비 애벌레

작은멋쟁이나비는 추운 겨울만 빼고 봄 여름 가을 내내 볼 수 있는 나비예요. 어른벌레는 주둥이가 빨대처럼 길쭉해서 꽃이란 꽃은 다 찾아다니며 꽃꿀을 빨아 먹지요. 그러다 마음에 드는 짝을 만나면 짝짓기를 합니다. 짝짓기를 마친 엄마 작은멋쟁이나비는 알 낳을 쑥밭을 찾아와요. 애벌레는 입맛이 까다로워서 아무 풀이나 먹지 않고 쑥 잎만 먹기 때문이에요. 엄마 작은멋쟁이나비가 쑥 잎에 살포시 앉아 잎 뒷면에 배를 쭉 늘여 꽁무니를 대고 알을 낳네요.

알에서 깨어난 애벌레 밥은 쑥이에요. 작은멋쟁이나비 애벌레는 허물을 네 번 벗으면서 무럭무럭 자랍니다. 애벌레는 다리와 주둥이로 쑥 잎들을 끌어와 입에서 명주실을 토해 얼기설기 엮어 집을 지어요. 천적 눈에 띄지 않으려고 집을 지어 숨는 거예요. 잎 여러 장을 붙여 만든 방 안은 애벌레 몸이 들어가고도 남을 만큼 넓답니다. 애벌레는 이렇게 쑥 잎으로 지은 방 안에서 몸을 감쪽같이 숨기고 쑥 잎을 갉아 먹지요. 가끔 윗몸을 집 밖으로 살그머니 꺼내 바로 옆에 있는 잎사귀를 먹기도 하는데, 혹시라도 천적과 마주치면 얼른 집 안으로 쏙 들어가죠. 잎사귀 집을 다 먹으면 다시 옆 잎사귀로 옮겨 가 다시 집을 짓고 밥을 먹습니다. 다 자란 애벌레는 30밀리미터쯤 되어서 몸집이 꽤 크답니다. 몸 색깔은 알록달록해요. 살갗에는 여드름이 난 것처럼 돌기들이 오돌토돌 났는데, 그 돌기에는 짧고 억센 털들이 나 있지요.

애벌레가 다 자라면 번데기로 탈바꿈할 준비를 합니다. 작은멋쟁이나비 애벌레는 풀 줄기나 풀잎 같은 곳에 자리를 잡고 거꾸로 매달린 채 번데기가 되지요. 그래서 물구나무선 자세로 줄기에 대롱대롱 매달려 지내요. 다행히 몸에서 뽑은 명주실로 배 꽁무니를 풀 줄기에 단단히 붙여서 비바람이 불어도 떨어지지 않습니다. 얼마 뒤, 번데기에서 작은멋쟁이나비 어른벌레가 날개돋이에 성공했어요. 날개를 다 말린 작은멋쟁이나비는 꽃밭을 훨훨 날아다니며 꽃꿀을 맛있게 먹습니다.

작은멋쟁이나비

날개 편 길이 43~59mm

쑥을 좋아하는 쑥잎벌레와 작은멋쟁이나비

잎벌레 무리

잎벌레는 무당벌레와 생김새가 닮은 작은 딱정벌레예요. 자세히 보면 잎벌레는 더듬이와 다리가 무당벌레보다 훨씬 깁답니다. 무당벌레와 달리 진딧물을 안 먹고, 잎벌레라는 이름처럼 어른벌레는 모두 다 풀잎이나 나뭇잎을 갉아 먹지요. 줄기만 남기거나 잎맥만 그물처럼 남기고 다 먹어 치우는 잎벌레도 있어요. 잎벌레는 저마다 좋아하는 잎이 따로 있지요. 애벌레도 잎을 먹는데 더러는 땅속에서 뿌리를 갉아 먹거나 집을 만들어 살거나 물속 물풀을 먹기도 합니다.

넓적뿌리잎벌레와 색깔 변이
몸길이 7~11mm

수중다리잎벌레
몸길이 7~10mm

남경잎벌레
몸길이 7~9mm

잎벌레 무리는 온 세계에 37000종쯤이 살아요. 우리나라에 사는 잎벌레는 370종쯤 되지요. 산이나 들판 여기저기에서 살고, 몇몇 종은 밤에 불빛으로 날아오기도 합니다. 사람이 심어 기르는 곡식과 채소를 갉아 먹어서 피해를 주기도 해요. 잎벌레 무리는 풍뎅이과, 거저리과, 하늘소과, 바구미과와 더불어 딱정벌레 무리 가운데 수가 많은 무리예요. 그런데 잎벌레는 딱정벌레 가운데 몸집이 아주 작은 편이지요. 몸길이가 1.5~3mm밖에 안 되는 것이 많습니다. 우리나라에서 크기가 가장 큰 잎벌레는 '청줄보라잎벌레'입니다. 몸길이가 11~15mm쯤 되지요. 다음으로 큰 잎벌레는 '중국청람색잎벌레', '열점박이별잎벌레'와 '사시나무잎벌레'입니다.

주홍배큰벼잎벌레
몸길이 8mm 안팎

넉점박이큰가슴잎벌레
몸길이 8~11mm

동양잎벌레
몸길이 6~8mm

팔점박이잎벌레와 색깔 변이
몸길이 8mm 안팎

콜체잎벌레
몸길이 5mm 안팎

두릅나무잎벌레
몸길이 3mm 안팎

참금록색잎벌레
몸길이 6~9mm

흰활무늬잎벌레
몸길이 7mm 안팎

사과나무잎벌레
몸길이 7mm 안팎

금록색잎벌레와 색깔 변이
몸길이 4mm 안팎

호두나무잎벌레
몸길이 6~8mm

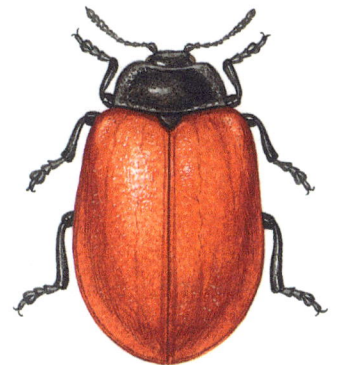

사시나무잎벌레
몸길이 11mm 안팎

십이점박이잎벌레
몸길이 8~10mm

수염잎벌레
몸길이 5~6mm

열점박이별잎벌레
몸길이 10~13mm

오리나무잎벌레
몸길이 7mm 안팎

검정오이잎벌레
몸길이 5~7mm

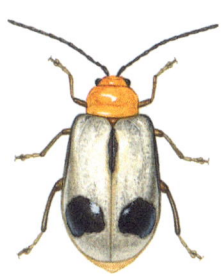

세점박이잎벌레
몸길이 5mm 안팎

괭이밥 밥집에 모인
남방부전나비

　5월에 눈부신 햇살을 받으며 풀밭 길을 걸었습니다. 풀밭에는 괭이밥 꽃들이 수십 송이 피어나 바닥을 수놓았어요. 노란색 꽃은 손톱만큼 작지만 금빛 술잔처럼 앙증맞아요. 잎사귀도 하트 모양이라 꽃 못지않게 귀엽지요. 괭이밥은 잠꾸러기예요. 흐리거나 비 오는 날에는 죄다 꽃잎과 잎을 오므리고 있으니까요. 비가 오면 꽃을 찾아올 곤충들이 밖으로 나오지 않으니까 애써 꽃을 피우지 않는 거예요.

　곤충은 바깥 온도에 따라 몸 온도가 바뀝니다. 이런 동물을 한자말로 '변온 동물'이라고 하지요. 몸이 비에 젖거나 몸 온도가 내려가면 꼼짝을 못 한답니다. 이렇게 날씨에 따라 지혜롭게 사는 괭이밥을 짝사랑하는 나비가 있습니다. 바로 남방부전나비예요. 남방부전나비는 괭이밥 잎이 없으면 굶어 죽을 수도 있어요.

남쪽이 고향인 남방부전나비

여름이에요. 괭이밥 꽃밭에 반가운 나비 손님이 날아다녀요. 남녘 땅이 고향인 남방부전나비랍니다. 남방부전나비는 제주도처럼 따뜻한 곳에서는 봄부터 날아다니지만 서울 같은 중부 지방에서는 여름이 되어야 많이 날아다닙니다. 남방부전나비는 한 해에 서너 번 날개돋이 해요. 남쪽에서 어른벌레로 겨울을 난 남방부전나비들이 봄을 지내면서 짝짓기를 하고 알을 낳지요. 여름쯤이면 날개돋이 해서 나온 수많은 남방부전나비 가운데 몇몇이 중부 지방까지 날아옵니다. 게다가 지구가 점점 따뜻해지면서 우리나라도 덩달아 더워졌어요. 그래서 지금은 서울 위쪽 지방에서도 많이 볼 수 있습니다.

암컷과 수컷 날개 색

남방부전나비는 암컷과 수컷 날개 색이 사뭇 달라요. 수컷은 푸른빛이 많이 돌아서 화려하고, 암컷은 거무칙칙한 밤색으로 수수하죠. 남방부전나비 어른벌레는 배가 고프면 꽃에 날아가 꽃꿀이나 열매즙을 먹습니다. 아침저녁으로 추우면 해를 등지고 따뜻한 볕을 쬐지요. 남방부전나비들은 밥을 먹을 때 아웅다웅 싸우지 않아요. 백일홍 꽃이 피던 날, 수컷 남방부전나비가 꽃을 단박에 알아보고 날아왔어요. 뒤이어 다른 남방부전나비들이 백일홍 꽃 밥상에 날아와 꽃꿀을 쪽쪽 빨아 먹네요. 다들 배가 고팠는지 빨대처럼 길쭉한 주둥이를 꽃 속에 꽂

남방부전나비
날개 편 길이 17~28mm

수컷   수컷 옆모습   암컷

극남부전나비
날개 편 길이 20~25mm

수컷   수컷 옆모습   암컷

남방부전나비와 극남부전나비

날개맥 6맥에 있는 까만 점이 바깥쪽으로 치우친다.   날개맥 6맥에 있는 짙은 점이 안쪽으로 들어가 있다.

고 꽃꿀을 마시느라 정신이 없습니다. 뒤늦게 온 한 마리가 내려앉다가 옆에 있는 친구를 건드렸군요. 친구가 화들짝 놀라 날아오르더니 이내 다시 내려와 사이좋게 함께 꽃꿀을 빱니다.

바로 그때, 꽃잎 뒤에 숨어 있던 꽃게거미가 잽싸게 꽃 위로 올라와 밥을 먹던 남방부전나비를 낚아챘어요. 눈 깜짝할 사이에 꽃게거미에게 잡힌 남방부전나비는 살겠다고 날개를 퍼덕퍼덕 발버둥 칩니다. 꽃게거미는 버둥대는 남방부전나비 몸에 주둥이를 깊숙이 꽂고 독 주사를 놓아요. 독이 남방부전나비 몸에 퍼졌는지 곧 몸이 축 늘어지네요. 그제야 꽃게거미는 남방부전나비 체액을 쭉쭉 들이마십니다.

괭이밥 잎에 낳는 남방부전나비 알

꽃밭에서 꽃꿀로 배를 채운 남방부전나비가 짝짓기를 합니다. 암컷이 성페로몬을 내뿜으면 그 냄새에 이끌려 수컷이 날아와 암컷을 졸졸 따라다녀요. 하늘을 함께 날면서 얼싸안듯 하나가 되어 빙그르르 돌다 서로 떨어지고, 또 얼싸안듯 하나가 되어 빙그르르 돌다 서로 떨어지는 모습이 마치 춤을 추는 것 같습니다. 이때 암컷은 짝짓기를 할지 말지 수컷을 살펴보지요.

드디어 암컷과 수컷이 풀잎에 앉아 배 꽁무니를 맞댄 채 서로 맞은 편을 바라보고 짝짓기를 합니다. 그 모습을 몰래 훔쳐보려고 살금살금 다가가니 깜짝 놀란 암컷과 수컷은 배 꽁무니가 떨어지지 않은 채 다른 풀잎으로 날아가 앉았어요.

　짝짓기를 마치면 엄마 남방부전나비는 알 낳을 괭이밥 풀을 찾아 날아다닙니다. 어른벌레는 꽃을 가리지 않고 꿀만 먹으면 되지만, 애벌레는 꼭 괭이밥 잎만 먹기 때문이지요. 엄마 남방부전나비는 그 많은 풀들 사이에서 괭이밥이 내는 독특한 냄새를 용케도 잘 맡고 날아가 알을 낳습니다. 괭이밥은 풀을 먹는 동물이 자기 잎을 뜯어 먹지 말라고 독을 만들어요. 괭이밥 잎을 뜯어서 살짝 씹어 보면 신맛이 나거든요. 이 신맛은 괭이밥이 가지고 있는 '옥살산'이라는 독이 내는 맛이에요. 다른 동물들은 이 맛을 싫어해서 괭이밥을 잘 먹지 않지만, 신기하게도 남방부전나비 애벌레는 이 독을 아무리 많이 먹어도 끄떡없답니다. 엄마 남방부전나비는 쉼 없이 괭이밥 잎 위에 앉았다 날았다 하면서 잎 뒷면에 알을 낳지요.

괭이밥 잎에서 사는 애벌레

　얼마 뒤 알에서 남방부전나비 애벌레가 깨어났어요. 애벌레는 알에서 나오자마자 괭이밥 잎을 먹습니다. 갓 깨어난 애벌레는 주둥이가 약해서 단단한 잎맥은 못 먹고 부드러운 잎살만 갉아 먹지요. 그러다 몸집이 커지면 잎맥과 잎살을 안 가리고 몽땅 먹어 치운답니다.

　그런데 어찌된 일인지 남방부전나비 어른벌레가 많이 날아다니는데도 애벌레는 잘 보이지 않네요. 몸집이 작은 데다 몸빛이 보호색인 풀

괭이밥

남방부전나비 암컷과 수컷이 꽁무니를 맞대고 짝짓기를 하고 있다.

색을 띠고 있기 때문이에요. 괭이밥 잎에 숨어 있으면 눈을 씻고 찾아도 잘 안 보여요. 그럴 때는 괭이밥 아래에 떨어진 똥 부스러기를 찾으면 더 쉽게 애벌레를 찾을 수 있습니다.

남방부전나비 애벌레는 사람이 신었던 짚신처럼 생겨서 살짝 납작해

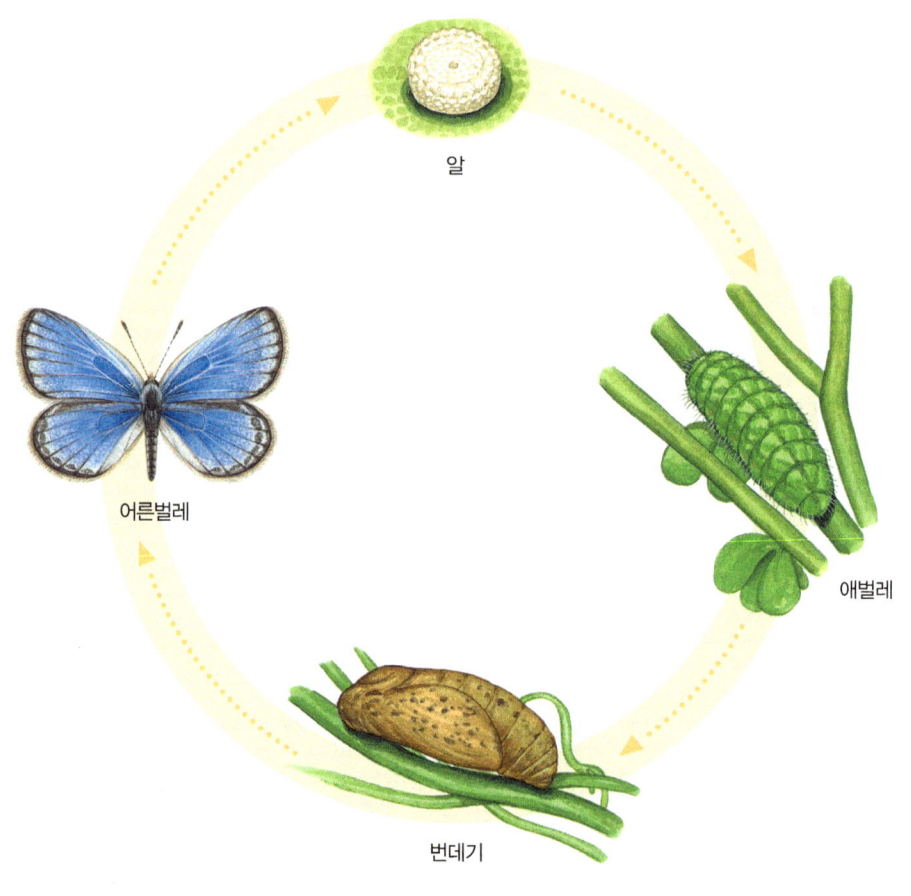

남방부전나비 한살이

요. 한창 잎을 갉아 먹는 애벌레를 슬쩍 만졌더니 깜짝 놀라 잎 아래로 뚝 떨어졌어요. 몇 분 지나면 언제 그랬냐는 듯이 괭이밥 줄기를 타고 올라와 다시 잎을 갉아 먹지요.

다 자란 애벌레가 번데기로 탈바꿈하려는지 잎을 입에 대지 않네요. 그 대신 이리저리 돌아다니며 번데기 만들 곳을 찾고 있어요. 드디어 애벌레는 괭이밥 둘레에 있는 돌멩이 아래로 기어가 자리를 잡았습니다. 자리를 잡으면 입에서 명주실을 토해 자기 몸을 돌멩이에 묶어요. 비가 오고 바람이 불어도 떨어지지 않게 하기 위해서지요. 서서히 애벌레 때 입은 옷인 허물을 벗으며 번데기로 탈바꿈하네요. 벗은 허물은 처음에는 번데기 배 꽁무니에 붙어 있다가, 시간이 지나면 똑 떨어져 나갑니다. 남방부전나비 번데기는 꼭 오뚝이처럼 생겨서 배가 불룩해요. 머지않아 번데기에서 날개돋이 한 어른벌레가 풀밭을 날아다니겠지요.

남방부전나비는 한 해에 한살이가 네 번쯤 돌아가요. 그래서 추운 겨울만 빼고 봄 여름 가을 내내 괭이밥만 있으면 어디서든지 만날 수 있지요. 더구나 나비치고는 드물게 남쪽 지방에서는 어른벌레로 겨울을 나요. 거의 모든 나비들은 애벌레나 번데기, 알로 겨울잠을 자거든요. 남방부전나비는 가랑잎 속이나 덤불 속, 굴속 같이 아늑하고 따뜻한 곳에서 겨우내 잠을 자고 이듬해 봄에 다시 풀밭을 날아다닙니다.

고개 숙인 개망초에 사는
국화하늘소

　한낮에는 뜨거운 햇살이 내리쬐어서 그늘을 찾게 되는 5월이에요. 이때가 되면 개망초가 길가나 빈 땅, 산자락 아래, 공원 같은 곳에 비집고 들어갈 땅만 있으면 어김없이 자라납니다. 얼마나 많은지 우리나라 어디를 가든 개망초 밭이에요. 여름 들머리가 되면 하얀 꽃이 흐드러지게 피어나 꽃밭을 이루죠. 개망초 꽃은 가장자리에 난 혀꽃이 하얗고, 가운데 통꽃은 노래서 꼭 달걀 프라이 같아요. 그래서 '달걀꽃'이라는 별명도 붙었지요. 그런데 쭉쭉 하늘로 뻗으며 자라는 싱싱한 개망초 틈에 벌써 고개를 수그린 채 시들어가는 개망초들이 끼어 있네요. 쑥쑥 자라나는 풀 줄기 위쪽이 시들어 아래로 축 쳐져 있어요. 병이 든 걸까요? 사람이 일부러 꺾어 놓은 걸까요? 누가 개망초 줄기를 시들게 만들었을까요? 범인은 바로 하늘소예요.

더듬이가 긴 국화하늘소

개망초 밭에 앉아 줄기가 거꾸러진 개망초를 찾아보세요. 얼마 지나지 않아 놀라운 장면을 볼 수 있어요. 마침 자그마한 하늘소가 더듬이를 휘휘 휘두르며 개망초 줄기에 붙어 있습니다. 놀라지 않게 조심조심 가까이 다가가 살펴보니 국화과 식물만 먹고 사는 국화하늘소예요.

국화하늘소는 눈치가 워낙 빨라서 위험한 낌새만 알아채도 눈 깜짝할 사이에 휙 날아가 버려요. 온몸은 까만데, 앞가슴등판에만 빨간 점

개망초

이 콕 박혀 있어 깜찍하답니다. 몸길이는 1센티미터도 안 되는데, 더듬이는 자기 몸보다 더 길죠. 긴 더듬이를 칼싸움하듯 바삐 휘두르면 온도가 얼마나 높은지, 날이 얼마나 축축한지 같은 둘레에서 일어나는 환경 변화를 척척 알아내요.

바로 그때 쌍살벌 한 마리가 국화하늘소 위를 '부웅' 하며 날아갔어요. 그러자 국화하늘소는 잽싸게 개망초 풀 줄기 뒤쪽으로 돌아가 몸을 숨기네요. 풀 줄기를 꼭 껴안은 다리 여섯 개와 더듬이만 보여요. 잠시 뒤 그것도 마음에 안 놓였는지 후르르 날아가 버렸습니다.

개망초를 쓰러뜨리는 국화하늘소

그러면 이 작은 국화하늘소가 어떻게 개망초를 거꾸러뜨릴까요? 운 좋게도 개망초 줄기에 거꾸로 붙어 있는 국화하늘소 한 마리를 또 찾았어요. 국화하늘소가 자기 몸통보다도 훨씬 굵은 개망초 줄기에 앉아 큰턱을 오물오물 움직이며 줄기 껍질을 뜯어내 흠집을 내고 있네요. 줄기를 따라 난 흠집은 꼭 자를 대고 그린 것처럼 똑같은 거리로 나 있어요. 한참 걸려 풀 줄기를 빙 돌아가며 흠집을 내더니만, 이제는 몸을 180도 돌려 자세를 바꾸네요. 머리가 하늘을 바라보게 한 뒤 곧바로 배 꽁무니를 흠집 난 줄기에 갖다 대요. 그러고는 배 꽁무니를 줄기 속에 넣었다 뺐다 되풀이하더니 알을 하나 낳았습니다. 정성 들여 파 놓은 홈에 알 하나를 낳고서는 포르르 날아 다른 개망초를 찾아가네요.

국화하늘소
몸길이 6~9mm

국화하늘소 수컷이 암컷 등에 올라타
짝짓기를 하고 있다.

고개 숙인 개망초에 사는 국화하늘소

국화하늘소가 알을 낳기 전에 굳이 줄기를 뜯어내며 흠집을 내는 까닭은 줄기가 단단하고 질기기 때문이에요. 국화하늘소 암컷 배 꽁무니에 있는 알을 낳는 산란관이 튼튼하지 않아서 질긴 줄기 껍질을 뚫을 수가 없거든요. 그래서 튼튼한 주둥이로 알 낳을 곳에 흠집을 내야 해요. 국화하늘소 큰턱은 튼튼해서 줄기를 뜯는 것은 아무 일도 아니랍니다.

개망초 줄기 속은 애벌레 집

알은 개망초 줄기에 비스듬히 박혀 있어요. 알은 길쭉한 쌀처럼 생겼고, 색깔은 노래요. 얼마쯤 지나 알에서 애벌레가 깨어났습니다. 애벌레는 어떻게 살아갈까요? 줄기 속에서 눌러앉아 살까요? 아니면 줄기 밖으로 나와 이파리를 먹고 살까요?

국화하늘소 애벌레는 그냥 개망초 줄기 속에서 살아요. 애벌레는 개망초 줄기 한가운데에 있는 연한 심인 고갱이를 먹고 살지요. 줄기 아래쪽으로 야금야금 파먹으며 내려간답니다. 줄기 속에서 사니 똥은 밖으로 버릴 수 없어요. 그래서 줄기 속에 그냥 싸 놓아요. 똥을 밖으로 버렸다가는 천적에게 숨어 사는 것을 들킬 수도 있거든요.

애벌레가 이렇게 줄기 속을 먹어 대는 통에 줄기 위쪽으로는 물과 영양분이 올라가지 못합니다. 그래서 줄기 위쪽은 시들어 죽지요. 하지만 아직 줄기 아래쪽은 물과 영양분이 줄곧 올라오기 때문에 싱싱하게

국화하늘소가 개망초 줄기에 흠집을 내고
알을 낳으려고 하고 있다.

고개 숙인 개망초에 사는 국화하늘소

살아 있지요.

애벌레는 이렇게 아래로 줄기 속을 파먹다가 8월쯤에 뿌리까지 내려가요. 물론 이때가 되면 개망초 줄기 아래쪽도 서서히 말라 죽지요. 하지만 여전히 개망초 뿌리는 살아 있기 때문에 줄기가 말라도 애벌레가 밥을 먹고 살기에는 아무 문제가 없어요. 애벌레가 뿌리 속까지 파고들면 이제 번데기 방을 만들고 그 속에서 번데기로 탈바꿈합니다. 9월쯤이면 번데기에서 국화하늘소 어른벌레가 날개돋이 해서 나와요.

이렇게 국화하늘소 어른벌레는 한 해에 한 번에서 두 번 세상에 나와요. 국화하늘소는 개망초뿐만 아니라 개망초 친척인 씀바귀, 고들빼기, 개미취, 약쑥 같은 국화과 식물을 먹고 삽니다. 날씨가 추워지면 어른벌레로 개망초 뿌리 둘레 땅속에 들어가 추운 겨울을 보내며 봄을 기다립니다.

개망초에서 사는 또 다른 하늘소

국화하늘소 말고도 개망초를 찾아오는 단골손님이 또 있어요. 바로 남색초원하늘소예요. 남색초원하늘소 애벌레도 국화하늘소 애벌레처럼 개망초나 고들빼기 같은 국화과 식물을 먹고 삽니다. 그래서 봄이면 개망초 밭을 날아와 개망초 풀 줄기에 매달려 알을 낳지요.

남색초원하늘소는 몸 색깔이 파란 하늘보다 더 짙은 파란색이에요. 몸매는 기다란 원통처럼 생겨서 훤칠하지요. 몸길이가 15밀리미터쯤

남색초원하늘소
몸길이 11~17mm

초원하늘소
몸길이 9~19mm

고개 숙인 개망초에 사는 국화하늘소 • 45

되어서 제법 몸집이 크니 눈에 금방 띄어요. 겉은 참기름을 바른 듯이 반짝반짝 빛이 나지만 보일 듯 말 듯 짧은 털들이 쫙 덮여 있지요. 뭐니 뭐니 해도 남색초원하늘소 하면 멋진 더듬이예요. 더듬이는 열 한 마디가 이어져 있습니다. 더듬이 마디마다 하얀색과 남색이 알록달록 섞여 있지요. 더구나 세 번째 마디와 네 번째 마디에는 동그랗고 탐스런 솜뭉치가 붙어 있답니다. 얼마나 멋진지 더듬이를 본떠 머리핀을 만들어 꽂고 싶어지네요. 남색초원하늘소가 풀밭에 나타나 긴 더듬이를 휘휘 젓고 다니면 풀밭이 금세 환해져요.

남색초원하늘소 애벌레도 개망초 줄기 속에서 살아요. 국화하늘소 애벌레처럼 뿌리 쪽으로 내려가면서 야금야금 줄기 속을 먹어 치우죠. 그러면 개망초 줄기 위쪽이 누렇게 시들어 고개를 숙인답니다. 다 자란 애벌레는 개망초 뿌리 둘레에서 번데기로 탈바꿈합니다.

국화하늘소와 남색초원하늘소 밥

이렇게 남색초원하늘소와 국화하늘소는 국화과 식물만 보면 뛸 듯이 기뻐해요. 국화과 식물에는 개망초, 쑥, 씀바귀, 개미취, 약쑥, 구절초 따위가 있는데, 모두 남색초원하늘소와 국화하늘소 애벌레 밥이에요. 다행히 국화과 식물들은 풀을 뜯어 먹는 동물들이 싫어하는 냄새를 풍기는데, 남색초원하늘소와 국화하늘소는 그 냄새를 기막히게 알아채고 찾아낸답니다. 이제 풀밭에서 고들빼기나 개망초 같은 국화과 식물

줄기가 시들어 고개를 푹 수그리고 있으면 '안녕! 아기 하늘소야.' 하고 인사를 나눠 봐요.

구절초

하늘소 무리

앞가슴과 가운데가슴을 비벼서 마치 소가 우는 소리처럼 '끽, 끽' 소리를 낸다고 하늘소라는 이름이 붙었어요. 더듬이가 소뿔을 닮았다고 이런 이름이 붙었다고도 해요. 수컷 더듬이는 몸길이보다 두 배가 넘게 길답니다. 하지만 암컷은 몸길이보다 짧지요.

하늘소 무리는 몸길이가 2mm밖에 안 되는 종부터 150mm나 되는 큰 종까지 있어요. 몸빛도 저마다 다르죠. 큰턱이 아주 크고 힘도 세서 거의 모두 썩은 나무나 살아 있는 나무줄기를 갉아 먹어요. 애벌레도 나무속을 파먹어서 나무에 피해를 준답니다. 꿀과 꽃가루를 먹는 하늘소도 많아요. 짝짓기를 마친 암컷은 나무껍질을 입으로 물어뜯은 뒤 줄기 속에 알을 하나

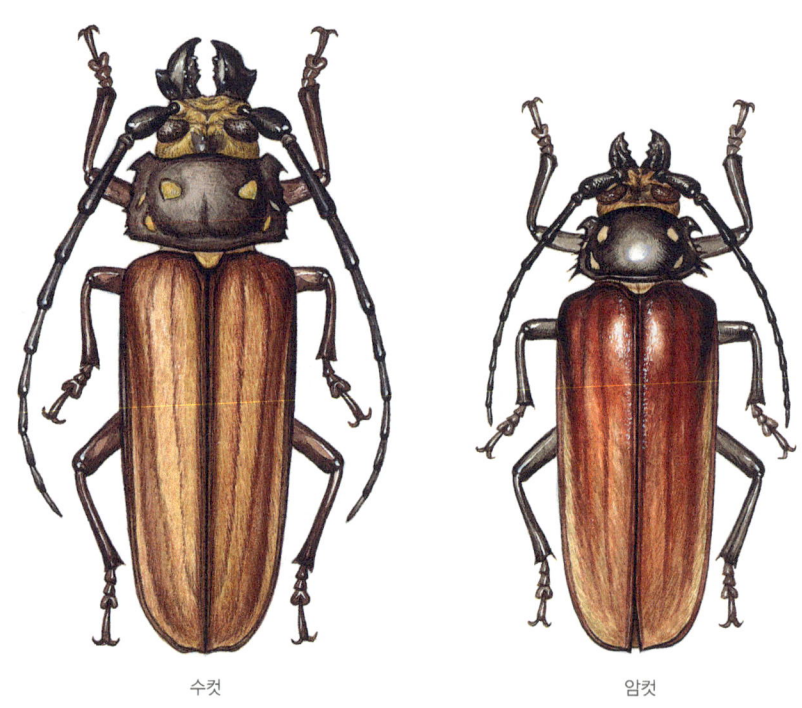

수컷   암컷

장수하늘소
몸길이 수컷 100~120mm, 암컷 60~90mm

씩 낳아요. 알에서 나온 애벌레는 나무속을 파먹으며 자랍니다. 나무속에서 번데기를 거쳐 어른벌레로 날개돋이 한 뒤 밖으로 나오죠.

하늘소 무리는 온 세계에 25000종쯤이 살고, 우리나라에 300종쯤 산다고 알려졌어요. 하늘소는 더듬이도 튼튼하고 다리도 튼튼해서 아이들이 잡아다가 '돌드레' 놀이를 해요. 돌멩이를 주워 놓고 하늘소가 발로 잡게 한 뒤 더듬이를 들어 올리면 하늘소가 발로 돌을 들어 올리죠. 옛날에는 하늘소가 돌을 들어올리는 것을 보고 '돌드레, 돌다래미'라고 했어요. 북녘에서는 지금도 '돌드레'라고 하고, 남녘에서는 '하늘소'라는 이름으로 바뀌었습니다.

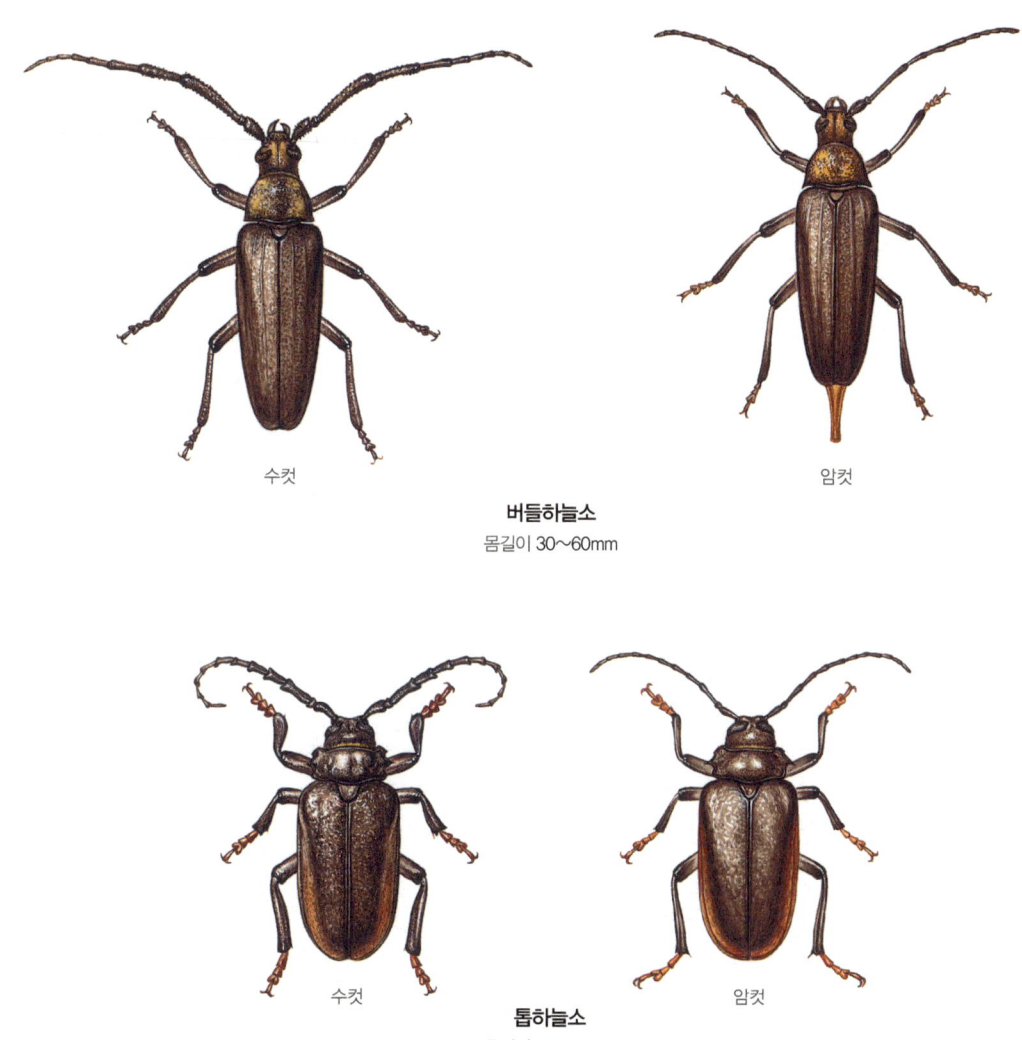

수컷 　　　　　　　　　　　　　암컷
버들하늘소
몸길이 30~60mm

수컷 　　　　　　　　　　　　　암컷
톱하늘소
몸길이 23~48mm

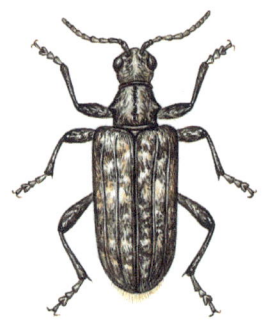
소나무하늘소
몸길이 9~20mm

노랑각시하늘소
몸길이 6~8mm

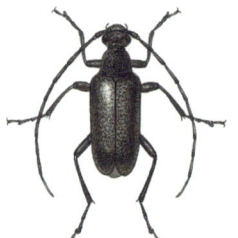
메꽃하늘소
몸길이 8~15mm

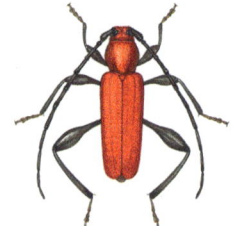
주홍삼나무하늘소
몸길이 7~17mm

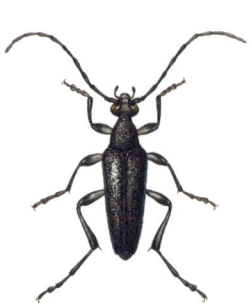

꽃하늘소와 색깔 변이
몸길이 12~17mm

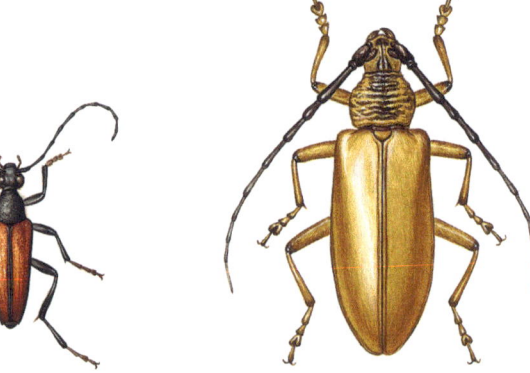
하늘소
몸길이 34~57mm

호랑하늘소
몸길이 15~26mm

소범하늘소
몸길이 11~16mm

벌호랑하늘소
몸길이 8~19mm

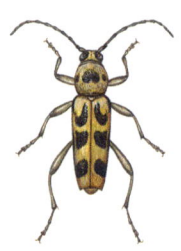
육점박이범하늘소
몸길이 7~13mm

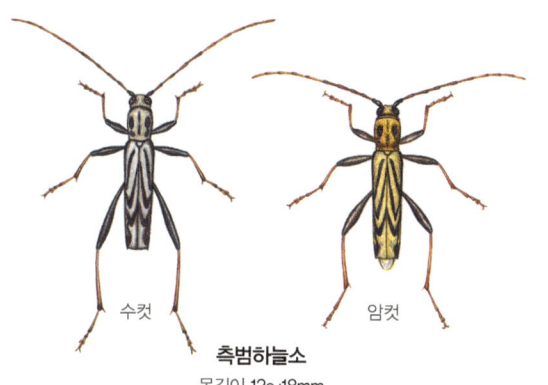

수컷　암컷
측범하늘소
몸길이 12~18mm

깨다시하늘소
몸길이 10~17mm

무늬곤봉하늘소
몸길이 5~9mm

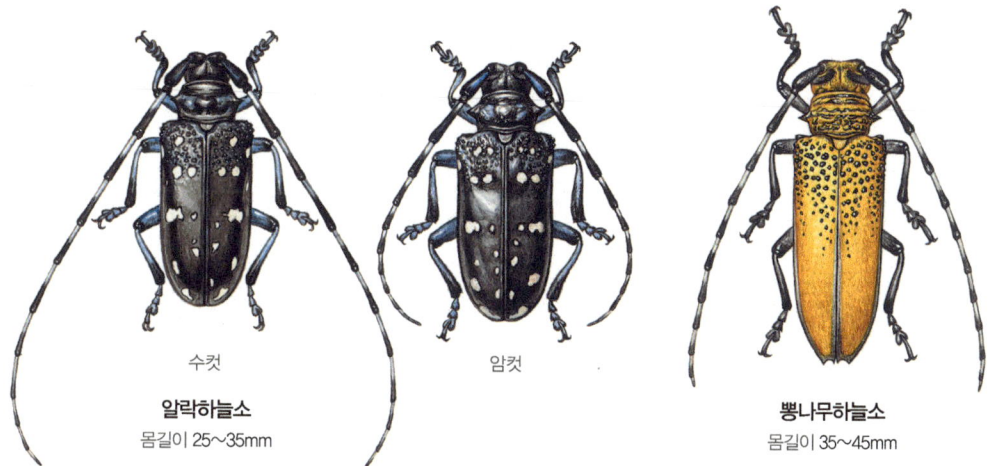

수컷　암컷
알락하늘소
몸길이 25~35mm

뽕나무하늘소
몸길이 35~45mm

화살하늘소
몸길이 15~25mm

털두꺼비하늘소
몸길이 19~27mm

삼하늘소
몸길이 10~15mm

나뭇잎을 먹는 곤충

쥐똥나무 잎을 갉아 먹는
별박이자나방

　5월이 되자 향긋하고 달콤한 꽃 냄새가 바람에 실려 와요. 꽃 냄새를 따라가 보니 숲 안쪽에 쥐똥나무 꽃이 하얗게 피었습니다. 잎사귀 사이로 수줍게 내민 꽃이 참 사랑스러워요. 그런데 생긴 것도 귀엽고 향기도 달콤한데 어쩌다 이름은 쥐똥나무라고 험하게 지었을까요. 그 까닭은 꽃이 지고 난 뒤에 맺는 열매가 '쥐똥'처럼 생겼기 때문이지요.
　그런데 쥐똥나무 잎 둘레에 애벌레들이 무더기로 모여 있어요. 아, 쥐똥나무를 엄청나게 좋아하는 별박이자나방 애벌레네요. 수십 마리가 명주실로 친 텐트 속에 꼬물꼬물 모여 있네요.

명주실 텐트 치는 별박이자나방 애벌레
　별박이자나방 애벌레는 애벌레 시절 내내 쥐똥나무 잎을 먹고 살아요. 여느 애벌레와 달리 한 마리 한 마리씩 따로 살지 않고 수십 수백 마리가 모여 살지요. 이렇게 많은 애벌레들이 명주실로 얼기설기 만든 텐트 속에서 함께 먹고 자고 쉬며 지낸답니다. 그러면 텐트는 어떻게 칠까요? 쥐똥나무 가지에 모인 애벌레들은 저마다 주둥이에서 명주실을 토해 내요. 그런 뒤에 명주실로 잎과 잎, 잎과 줄기, 줄기와 줄기를 빨랫줄 매어 놓은 것처럼 얼기설기 엮지요. 이리저리 아무렇게나 엮어 놓았기 때문에 엉성하게 보이네요. 이렇게 쳐 놓은 '명주실 텐트' 안에서 애벌레들은 쥐똥나무 잎을 먹으며 굶주린 배를 채웁니다. 그렇게 먹은 뒤 똥을 아무 데나 싸다 보니 명주실 텐트에 똥들이 여기저기 지저분하게 걸려 있을 때도 있지요.

별박이자나방
날개 편 길이 25~35mm

쥐똥나무

이렇게 엉성하고 지저분해도 명주실 텐트는 애벌레 목숨을 지켜 주는 든든한 집이랍니다. 명주실은 거미줄과 달리 끈적끈적한 물이 없어서 곤충 몸에 달라붙지는 않아요. 하지만 천적들이 겹겹이 쳐 놓은 명주실을 이리저리 피해 안으로 들어오려면 꽤 번거롭지요. 또 이렇게 쳐 놓은 명주실은 꼭 곤충을 꼼짝 못하게 하는 거미줄처럼 보이거든요. 더구나 애벌레들이 떼로 모여 있으면 덩치 큰 곤충처럼 보여서 천적들이 덤비다 말고 멈칫거린답니다.

　수십 마리가 떼거리로 모여 살다 보니 쥐똥나무 잎이 빨리 동나요. 그러면 바로 옆에 있는 나뭇가지로 옮겨 그곳에서 또 명주실 텐트를 다시 치고 밥을 먹지요. 그래서 별박이자나방 애벌레들이 먹고 지나간 나뭇가지는 잎은 하나도 없고 앙상한 가지만 남아요. 하지만 '네가 이기나 내가 이기나 어디 보자' 하며 쥐똥나무는 꿋꿋하게 새싹을 냅니다. 쥐똥나무는 새잎을 아주 잘 내기 때문에 애벌레가 이렇게 먹어도 앙상한 나뭇가지에서 새잎이 다시 돋아나지요.

자로 잰 듯 걷는 애벌레

　애벌레는 쥐똥나무 잎을 먹고 허물을 모두 네 번 벗으며 무럭무럭 자라요. 다 자란 애벌레는 몸길이가 30밀리미터쯤 되어서 꽤 길답니다. 몸에는 긴 털과 짧은 털이 알맞게 섞여 있어요. 온몸은 연한 밤색이고 군데군데 주황색 무늬가 섞여 있는데, 나뭇가지에 딱 붙어 있으면 눈에 잘 띄지 않습니다.

 오물오물 밥을 먹는 애벌레를 슬쩍 건드려 봤어요. 그랬더니 이리 비틀고 저리 비틀며 몸부림을 치네요. 잠시 뒤 마음이 안 놓였던지 애벌레가 꿈틀거리며 기어가기 시작해요. 그런데 기어가는 모습이 참 남다르답니다. 마치 자로 잰 듯이 똑같은 간격으로 따박따박 기어가요. 몸이 일자로 곧게 펴졌다 새우 등처럼 구부러졌다 또 곧게 펴졌다 구부러졌다를 되풀이하죠. 이때 구부렸다 폈다 할 때마다 움직인 거리가 자로 잰 듯이 똑같아요. 그래서 별박이자나방이 속해 있는 자나방과 집안 식구 애벌레를 '자벌레'라고 합니다.

별박이자나방 애벌레

왜 별박이자나방 애벌레는 자로 잰 듯이 기어갈까요? 그 까닭은 다리에 있어요. 애벌레 다리를 보면 다리 숫자가 모자라요. 보통 나비목 가문 애벌레들은 다리를 8쌍 가지고 있습니다. 가슴에 가슴다리 3쌍, 배에 배다리 4쌍, 꼬리에 꼬리다리 1쌍이 있지요. 그런데 자나방 집안 애벌레인 자벌레는 배에 다리가 1쌍만 달려 있고 나머지 3쌍은 없어졌어요. 그래서 기어갈 때 다리 3쌍이 없는 곳이 새우등처럼 둥글게 움츠렸다 폈다 하는 거예요.

외줄 타는 애벌레

그때예요. 명주실 텐트 둘레를 풀색명주딱정벌레가 얼쩡거립니다. 그러자 애벌레들이 깜짝 놀라 아래로 뚝뚝 떨어지네요. 애벌레는 날개가 없기 때문에 천적을 만나면 잽싸게 아래로 떨어져서 천적 눈앞에서 사라져요. 그런데 땅바닥으로 떨어진 줄 알았는데 그게 아니에요. 눈 깜짝할 사이에 텐트 밖으로 떨어진 애벌레들이 공중에 대롱대롱 매달려 있습니다. 바람이 불자 바람 따라 이리저리 빙그르르 도네요. 애벌레들은 땅바닥에 안 떨어지고 어떻게 공중에 매달려 있을까요? 찬찬히 살펴보니 애벌레 주둥이와 나뭇가지 사이에 명주실이 이어져 있네요. 떨어질 때 재빨리 주둥이에서 명주실을 토해 나뭇가지에 붙였기 때문입니다.

바람이 잦아들자 명주실에 매달렸던 애벌레들이 갑자기 줄을 타고

풀색명주딱정벌레
몸길이 18~25mm

기어오르기 시작합니다. 가느다란 명주실을 어찌 저리도 잘 탈까요? 애벌레는 가슴다리 3쌍과 배다리 1쌍으로 명주실을 끌어안듯이 붙잡으며 위로위로 올라가요. 도중에 바람이 다시 불어 몸이 빙그르르 돌아도 명주실에서 떨어지지 않고 줄기차게 올라갑니다. 드디어 명주실을 타고 쥐똥나무 줄기까지 다 올라왔어요. 애벌레 다리 사이에는 타고 온 명주실이 엉킨 채 붙어 있습니다. 엉킨 명주실은 줄기나 잎 위를 기어 다닐 때 저절로 떨어집니다. 줄타기를 하느라 힘이 빠졌는지 잠시 잎 위에 앉아 쉬네요.

명주실 텐트 속 번데기

다 자란 애벌레는 번데기 만들 때가 되면 게걸스럽게 먹는 것을 딱 그쳐요. 그리고 쥐똥나무 나뭇가지를 왔다 갔다 하며 번데기 만들 곳을 찾지요. 이때 멀리 갈 필요도 없이 애벌레 시절 내내 살았던 명주실 텐트 속에 자리를 잡습니다. 그러고는 입에서 명주실을 토해 자기 몸과 나뭇가지를 얼기설기 엮은 뒤에 몸에서 물과 찌꺼기를 빼내기 시작해요. 하루이틀이 지나자 몸길이가 짧아지고 살갗도 창백하고 쪼그라들었습니다. 이제 해야 할 일은 번데기로 탈바꿈하는 것이지요. 서서히 애벌레 등이 갈라지면서 번데기 새살이 나와요. 번데기는 애벌레와는 다르게 몸빛이 알록달록 화려합니다. 하얀색 바탕에 노란 무늬와 까만 점무늬가 찍혀 있어 참 예뻐요. 번데기는 어른벌레가 될 때까지 열흘에서 보름쯤 묵묵히 기다려야 해요.

별박이자나방 암컷과 수컷이
배 꽁무니를 마주 대고 짝짓기를 하고 있다.

날개에 까만 별이 박힌 별박이자나방

6월 초가 되자 드디어 별박이자나방 번데기가 꿈틀대며 날개돋이를 하네요. 등에 난 허물 벗는 탈피선이 쫙 벌어지면서 어른벌레가 천천히 모습을 드러내요. 눈은 동그랗고, 더듬이는 기다랗고, 다리는 날씬합니다. 날개는 꼬깃꼬깃 접혀 있네요. 날개돋이 하면서 힘이 들었는지 번데기 껍질에 가만히 앉아 날개를 펼치며 몸을 말립니다. 얼마 뒤 몸이 다 말랐는지 날개를 활짝 펼치네요.

하얀 날개에 까만 점들이 밤하늘에 뜬 별처럼 박혀 있어요. 얼마나 고운지 눈을 뗄 수가 없네요. 그래서 이름도 '별박이자나방'이라고 붙었지요. 별박이자나방은 여러 가지 짐승 똥이나 과일즙 따위를 빨아 먹으며 마음에 드는 짝을 찾아 짝짓기를 합니다.

짝짓기를 마친 암컷은 쥐똥나무에 알을 낳아요. 여름에서 가을 사이에 알에서 애벌레가 깨어나지요. 애벌레는 쥐똥나무 잎을 열심히 먹다가 날이 추워지면 가랑잎 속으로 들어가 겨울잠을 잡니다. 만일 쥐똥나무가 없으면 쥐똥나무 친척인 물푸레나무 잎을 먹기도 하지요. 이렇게 별박이자나방 한살이는 한 해에 한 번 돌아갑니다.

쥐똥나무를 좋아하는 나방들

별박이자나방 말고도 쥐똥나무를 지독하게 좋아하는 나방이 또 있어요. 바로 왕물결나방과 큰쥐박각시예요.

가을이면 큰쥐박각시 애벌레가 쥐똥나무에 옹기종기 모여 앉아 게걸스럽게 잎을 갉아 먹습니다. 몸길이가 60~90밀리미터나 될 만큼 몸집이 커서 엄청난 먹보예요. 쥐똥나무 잎을 싹 다 먹어 치워서 앙상한 줄기만 남을 정도지요. 늦가을이면 땅속에 들어가 번데기로 탈바꿈해서 겨울잠을 잔 뒤 이듬해 늦봄에 어른벌레로 날개돋이 합니다.

　왕물결나방은 맑고 깨끗한 깊은 산속에서 만날 수 있는 나방이에요. 왕물결나방 애벌레 밥도 쥐똥나무지요. 가을이면 쥐똥나무 잎을 먹어 치워요. 애벌레 몸길이가 100밀리미터나 될 만큼 몸집이 커서 때때로 쥐똥나무 잎을 다 먹어 치울 만큼 많이 먹지요. 1~4령 애벌레 몸에는 뿔처럼 생긴 돌기가 돋아 있는데, 애벌레가 다 자라면 돌기는 싹 사라진답니다. 그 대신 다 자란 애벌레는 천적을 만나면 가슴에 숨겨 놓은 빨간 눈알 무늬를 불쑥 내어 보여요. 또 건드리면 쓱쓱 소리를 내며 천적에게 겁을 주지요. 늦가을에 흙 속으로 들어가 번데기가 되고, 이듬해 봄부터 여름 사이에 어른벌레로 날개돋이 합니다.

버드나무 잎을 먹는
버들잎벌레

 4월이 되자 벌써 강 언덕에 봄이 왔어요. 강가에 쭉 늘어선 버드나무에 풀빛 잎들이 파릇파릇 돋아나고 있네요. 버드나무는 물 머금은 땅이면 어디서나 볼 수 있는 흔한 나무예요. 버드나무에는 능수버들, 키버들, 갯버들, 용버들 같은 여러 나무가 있습니다. 버드나무에는 아픔을 멎게 하고 열을 내리는 약인 아스피린 원료가 들어 있어서 사람들 건강에도 도움을 주지요. 이런 버드나무에 봄이면 어김없이 찾아오는 잎벌레 삼총사가 있어요. 버들잎벌레, 사시나무잎벌레와 꼬마버들잎벌레가 그 주인공이에요.

버드나무 곤충 대표, 버들잎벌레

 버들잎벌레는 버드나무에서 가장 흔하게 볼 수 있는 잎벌레예요. 몸길이는 7~9밀리미터로 몸집이 큰 편이라 맨눈에도 잘 보여요. 몸매는 무당벌레보다 더 길쭉하고 절구통처럼 두루뭉술하죠. 온몸은 까만데, 딱지날개는 베이지 색이나 주황색이고 점무늬가 20개나 찍혀 있어서 엄청 예쁩니다.

버들잎벌레
몸길이 6~9mm

색깔 변이

버드나무

버드나무 잎을 먹는 버들잎벌레

잎벌레 생김새는 꼭 무당벌레를 닮았어요. 하지만 잎벌레는 더듬이와 다리가 무당벌레보다 훨씬 길어요. 잎벌레는 무당벌레와 달리 진딧물을 먹지 않고, 잎벌레라는 이름처럼 어른벌레는 모두 다 풀잎이나 나뭇잎을 갉아 먹습니다. 줄기만 남기거나 잎맥만 그물처럼 남기고 다 먹어 치우는 잎벌레도 있어요.

버들잎벌레는 어른벌레로 나무껍질 밑이나 흙 속에서 겨울잠을 자다가 봄이 되면 볕이 잘 드는 곳에서 자라는 버드나무에 찾아와요. 줄기를 타고 뒤뚱뒤뚱 올라가 잎 위에 앉아 잎을 먹으며 겨우내 굶주린 배를 채우죠. 주둥이를 양옆으로 오므렸다 벌렸다 하면서 야들야들한 새잎을 베어 씹어 먹어요. 버드나무 잎은 아무리 먹어도 질리지도 않고 맛있나 봐요. 한참을 먹고 나니 배가 부른지 앞다리로 더듬이도 매만지고 주둥이도 자꾸 쓸어내리네요.

그런데 버들잎벌레는 어떻게 버드나무를 찾아왔을까요? 더듬이와 몸에 있는 털들 덕분이에요. 특히 더듬이에는 감각 기관이 빼곡히 깔려 있어서 버드나무가 내는 냄새를 귀신처럼 맡을 수 있답니다. 버드나무는 풀을 뜯어 먹는 동물들이 자기 잎을 못 뜯어 먹게 하려고 독을 품고 있습니다. 하지만 버들잎벌레에게는 그 독 냄새가 도리어 밥맛을 돋우는 맛있는 냄새랍니다. 오랜 세월을 거치다 보니 버드나무 독을 먹어도 끄떡없게 되었죠.

알 낳는 버들잎벌레

암컷이 버들잎을 맛있게 먹고 있어요. 바로 그때 수컷이 암컷에게 다가와 더듬이로 툭툭 건드리네요. 암컷이 풍긴 페로몬 냄새를 맡고 온 수컷이 암컷 눈치를 살피며 짝짓기 할 때를 노려요. 마침내 수컷이 암컷 등 위로 올라가 짝짓기에 성공하네요.

짝짓기가 끝나면 암컷은 알을 낳기 좋은 곳을 찾아 이리저리 돌아다닙니다. 다행히도 버들잎벌레 애벌레도 버드나무 잎사귀를 먹으니 멀리 갈 필요 없이 버드나무 잎 위에 알을 낳으면 되지요. 먼저 엄마 버들잎벌레는 잎사귀 뒷면에 자리를 잡아요. 그러고는 배 꽁무니를 잎에 대고서 실룩거리니 알이 쏘옥 빠져나오네요. 알은 노랗고, 생김새는

버들잎벌레 짝짓기

길쭉하게 생겨서 꼭 쌀알 같습니다. 잠시 쉬었다가 또 배 꽁무니를 움찔움찔거리며 알 하나를 또 낳아 먼저 낳은 알 옆에 나란히 붙입니다. 이렇게 엄마는 알을 수십 알 낳지요. 알을 낳을 때 알을 낳는 산란관 옆에서 끈적이는 물도 같이 나와서 알들이 잎에서 안 떨어지고 잘 붙어 있습니다. 알들끼리도 딱 붙어 떨어지지 않아요.

버들잎 먹는 애벌레

며칠 뒤, 알에서 애벌레가 깨어났습니다. 애벌레들은 깨어나자마자 잎에 모여 잎을 갉아 먹지요. 갓 나온 애벌레는 주둥이가 약해서 잎살을 살살 갉아 먹어요. 허물을 벗고 몸집이 커지면 잎을 마음껏 한 입씩 베어 아삭아삭 씹어 먹지요. 애벌레가 할 일은 오로지 먹고 몸을 살찌우는 일이에요. 그래서 눈만 뜨면 열심히 먹고 또 먹으며 자랍니다. 애벌레는 허물을 두 번 벗으며 20일쯤 버드나무 잎을 먹으며 산답니다.

거꾸로 매달리는 번데기

번데기 될 때쯤이면 애벌레는 아무것도 안 먹고 번데기 만들 곳을 찾아 돌아다녀요. 번데기는 버드나무나 버드나무 둘레에 만들지요. 애벌레는 마음에 드는 버드나무 잎에 자리를 잡고 배 끝에서 끈적끈적한 물을 내어 배 끝을 잎에다 단단히 붙입니다. 그런 뒤 물구나무서듯이 거꾸로 매달려 죽은 듯이 꼼짝하지 않아요. 시간이 갈수록 기름기가

다 자란 버들잎벌레 애벌레

흐르던 살갗이 창백해지고, 몸도 쪼그라들어요. 얼마 뒤 쪼그라든 살갗이 허물로 벗겨지면서 번데기가 나옵니다. 번데기는 노르스름하고 까만 점무늬가 주르륵 박혀 있어요. 번데기는 애벌레와 다르게 생겨서 아무리 봐도 신기하네요. 버들잎에 대롱대롱 매달린 모습이 꼭 공중곡예를 하는 것 같아요. 이렇게 거꾸로 매달린 번데기를 한자말로 '수용'이라고 합니다. 번데기는 바람을 맞으며 거꾸로 매달린 채 어른벌레가 되기를 기다려요.

그런데 버들잎벌레는 왜 이렇게 거꾸로 매달려 번데기가 될까요? 번데기에서 어른벌레로 날개돋이 하려면 많은 아픔과 힘이 들지요. 그런데 번데기가 거꾸로 매달려 있으면 아래로 끌어당기는 힘인 중력이 있기 때문에, 번데기에서 몸을 빼내기가 훨씬 더 쉽습니다.

드디어 오랜 시간 온갖 어려움을 모두 이겨내고 번데기에서 어른벌레가 나왔어요. 막 날개돋이 한 어른벌레는 몸이 말랑말랑하지만 며칠 지나면 몸이 다 굳어 딱딱해져요. 그러면 며칠 동안 잎을 먹으며 몸에 살을 찌운 뒤에 땅속이나 나무껍질 속으로 들어가 내년 봄까지 거의 아홉 달 동안 긴 잠을 잡니다.

그 외 잎벌레들

버들잎벌레 말고도 버드나무에서 자주 만나는 잎벌레는 사시나무잎벌레와 버들꼬마잎벌레입니다. 두 잎벌레는 한살이나 애벌레 생김새, 사는 모습이 버들잎벌레와 거의 똑같아요. 다만 사시나무잎벌레는 봄에 만날 수 있지만, 버들꼬마잎벌레는 한 해에 한살이가 두세 번 돌아가기 때문에 봄에서 가을까지 만날 수 있습니다.

사시나무잎벌레는 몸매가 두루뭉술하고 몸길이는 10밀리미터쯤 돼요. 잎벌레치고는 엄청 큰 편이라 아기 손톱만 하죠. 앞가슴등판이 군

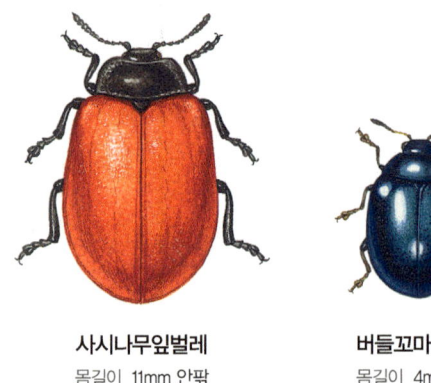

사시나무잎벌레
몸길이 11mm 안팎

버들꼬마잎벌레
몸길이 4mm 안팎

사시나무잎벌레 알

청색이고, 딱지날개가 빨간색이라서 마치 보석처럼 화려합니다. 겉은 기름기가 흘러 반짝반짝 빛이 나죠. 사시나무잎벌레 알은 주황색인데 쌀알처럼 길쭉해요.

이에 비해 버들꼬마잎벌레는 이름처럼 몸집이 엄청 작은 편이에요. 몸 색깔은 바닷물보다 훨씬 더 짙은 파란색이에요. 몸은 참기름이라도 발라 놓은 것처럼 반짝반짝 빛이 나죠. 햇빛이라도 비치면 마치 사파이어 보석처럼 황홀하게 빛납니다. 몸길이가 4밀리미터쯤 되어서 깨알만 하지만 풀빛 잎사귀 위에서 남색으로 반짝거리니 금방 눈에 띄어요. 버들꼬마잎벌레는 알을 적게는 열 개에서 많게는 서른 개까지 낳는데, 알은 길쭉한 원통처럼 생겼고 노랗습니다.

넉넉한 팽나무 품에 안겨 사는
왕오색나비

7월이면 숲속은 여름 곤충들 놀이터예요. 나무껍질 사이에서 나뭇진이 흥건하게 흘러내리기라도 하면 둘레에 있던 곤충들이 나뭇진 옹달샘에 하나둘 몰려온답니다. 수노랑나비, 청띠신선나비, 장수풍뎅이, 사슴풍뎅이, 넓적사슴벌레, 장수말벌, 파리들이 모여 달달한 나뭇진을 먹습니다. 잠시 뒤 몸빛이 알록달록한 왕오색나비도 날아왔네요. 날개를 이따금씩 펄럭거리며 빨대 주둥이를 꽂고서 나뭇진을 쭉쭉 들이마십니다.

수컷과 암컷 날개 색

나뭇진 옹달샘에 그사이 왕오색나비가 세 마리나 모였어요. 날개를 편 길이가 75~105밀리미터쯤 되어서 몸집이 아기 손바닥만큼 커요.

왕오색나비와 수노랑나비가 나뭇진을 빨아 먹고 있다.

왕오색나비는 네발나비과 집안 식구 가운데 가장 크고 아름다워요. 느긋하게 날개를 펼쳤다 접었다 하면 늠름하고 시원시원합니다.

재미있게도 왕오색나비는 암컷과 수컷 몸 크기와 날개 색깔이 조금 다르답니다. 몸은 암컷이 수컷보다 더 커요. 수컷 날개 윗면은 온통 까맣지만 햇빛을 받으면 날개 가운데가 남색과 보라색이 서로 어우러져 다섯 가지 빛으로 반짝반짝 빛이 나지요. 그래서 이름도 왕오색나비라고 지었나 봐요. 날개 아랫면은 밝은 베이지 색이에요. 하지만 암컷은 날개 윗면이 온통 거무스름하지만 반짝반짝 빛이 나지 않고, 아랫면은 진한 노란색입니다.

왕오색나비는 한 해에 한살이가 단 한 번 돌아가요. 그래서 오색찬란한 어른 나비를 볼 수 있는 기회는 한 해에 여름 한 번뿐입니다. 왕오색나비는 맑고 깨끗한 산속에서만 볼 수 있어요. 아쉽게도 요즘에는 사람들이 우리 산을 여기저기 마구 파헤치고 더럽히는 바람에 살 곳을 잃어 마릿수가 시나브로 줄어들고 있지요. 그나마 남은 왕오색나비도 사람들이 예쁘다고 보이는 족족 잡아가고 있어요. 왕오색나비가 마음 놓고 이 땅에서 살아갈 수 없으니 안타깝기만 하네요.

어른벌레 밥, 애벌레 밥

왕오색나비는 어른벌레와 애벌레 주둥이 생김새가 달라서 먹는 밥이 달라요. 우선 어른벌레는 빨대처럼 기다란 주둥이를 가지고 있어서 즙

넉넉한 팽나무 품에 안겨 사는 왕오색나비

을 쭉쭉 빨아 먹어요. 마침 왕오색나비 한 마리가 힘차게 날아왔어요. 멧돼지 똥에 내려앉더니 곧바로 도르르 말린 빨대 주둥이를 스르륵 풀어 똥에다 대고 물기를 빨아 먹기 시작하네요. 주둥이를 살짝 넣었다 뺐다 또 넣었다 뺐다 하면서 맛있게 먹습니다. 뿐만 아니에요. 갈라진 나무줄기 틈새로 흥건하게 흘러나오는 나뭇진이나 물가 진흙물, 꽃꿀, 동물 주검, 과일즙도 먹으며 영양을 보충하죠. 역시 자연 세계에서는 아무것도 버릴 것이 없어요.

그런데 애벌레는 어떤 입을 가지고 있을까요? 애벌레는 씹어 먹는 주둥이를 가지고 있어요. 그래서 식물 잎사귀를 아삭아삭 씹어 먹지요. 왕오색나비 애벌레는 입맛이 까다로워서 오로지 팽나무나 풍게나무 잎만 골라 먹습니다.

왕오색나비 짝짓기

여름 들머리 오후에 수컷 왕오색나비가 자기가 정해 놓은 산길을 따라 왔다 갔다 날아다니네요. 느긋느긋 날면서 오던 길을 다시 되돌아가고 또다시 날아와요. 자기 사는 곳을 지키려고 이렇게 날아다니며 누가 들어오나 지켜보는 것이지요. 마침 다른 나비가 쉬익 날아오니 곧바로 날개를 펄럭이며 다가가 쫓아 버립니다. 텃세 한번 대단하군요. 그러던 중에 수컷 눈에 날개 색깔이 거무스름한 암컷 왕오색나비가 띄었어요. 그러자 수컷은 냉큼 암컷 뒤를 따라다녀요. 둘이 함께 하

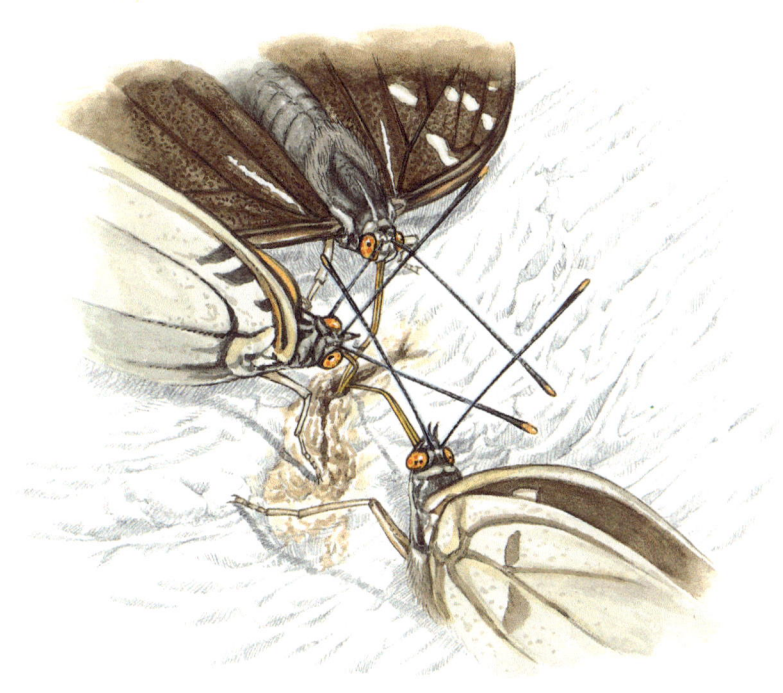

왕오색나비 세 마리가 나뭇진을 빨아 먹고 있다.

늘을 날면서 서로 마주쳤다 떨어졌다 인사를 나눕니다. 그러면서 더듬이와 몸을 부딪치며 서로를 살피네요.

얼마 뒤 암컷과 수컷은 서로 마음이 통했는지 하늘에서 얼싸안듯이 빙그르르 돌다가 풀숲으로 내려앉습니다. 암컷과 수컷이 내려앉은 풀숲으로 살금살금 가 보니 풀잎 위에서 짝짓기를 하네요. 배 꽁무니를 마주 대고 서로 맞은편을 바라보고 있어요.

넉넉한 팽나무 품에 안겨 사는 왕오색나비 • 77

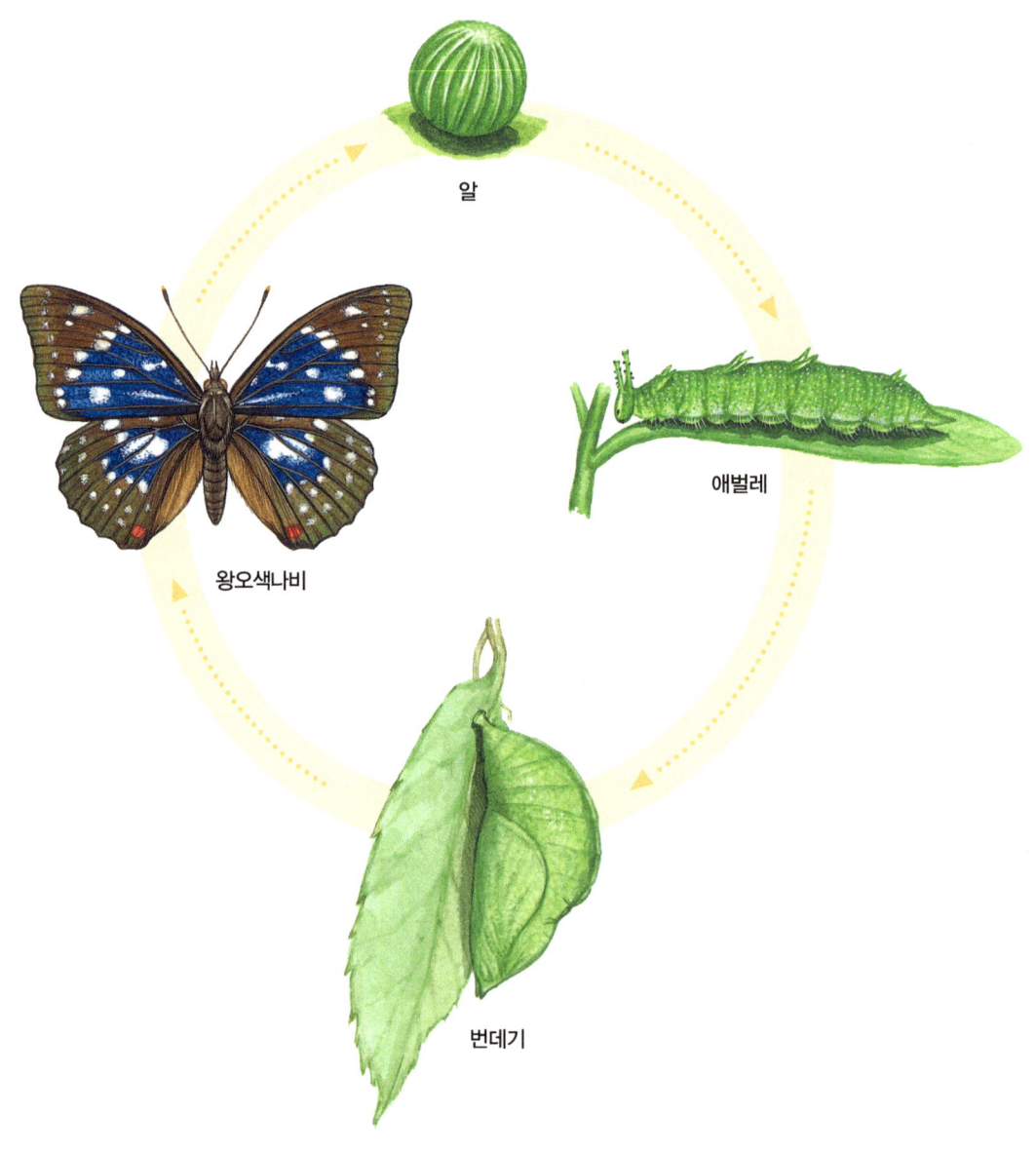

왕오색나비 한살이

알은 팽나무 잎에 낳아요

　짝짓기를 마친 왕오색나비 암컷이 알 낳을 팽나무와 풍게나무를 찾아 날아다녀요. 다행히 산속에는 팽나무나 풍게나무가 많아서 큰 어려움 없이 팽나무를 찾아냅니다. 엄마 왕오색나비가 팽나무 둘레를 훨훨 날더니 잎에 살며시 앉네요. 그러고는 배 끝을 잎 뒷면에 대고 알을 낳습니다. 알 색깔은 비취색 고려청자보다 더 고와요. 알은 공처럼 생겼는데, 알 껍질에는 구슬처럼 생긴 작은 돌기들이 줄지어 나 있습니다. 또 자그마한 알에 세로줄이 20개나 나 있으니 놀랍기만 하네요. 알을 낳은 지 일주일이 지났어요. 알 색깔이 거무튀튀하게 바뀌는 것을 보니 애벌레가 태어나려나 봐요.

팽나무 잎사귀에서 사는 애벌레

　드디어 알에서 애벌레가 태어나고 있어요. 알 속에서 검은 머리가 꼬물꼬물 움직이네요. 아! 아기 왕오색나비 애벌레가 알 속에서 큰턱으로 알 껍질 위쪽을 깡통 뚜껑 따듯이 둥글게 사각사각 갉아 먹고 있습니다. 드디어 까만 머리로 '뚜껑'을 밀어내고 나와요. 천천히 알 속에서 기어 나와 머리를 잎으로 내뻗으니 기다란 몸도 딸려 나오네요. 갓 깨어난 애벌레는 머리가 엄청 커서 완전히 가분수예요. 꼬물꼬물 움직이는 모습이 아무리 봐도 귀엽답니다. 애벌레는 알에서 나오자마자 곧바로 알 껍질을 다 먹어 치웁니다. 애벌레가 알 껍질을 먹는 까닭은 영양 보충을 하고, 자기 흔적을 없애기 위해서예요. 알 냄새를 맡고 천적이 찾아올 수도 있거든요.

가랑잎 이불 덮고 겨울잠 자는 애벌레

애벌레는 무더운 여름에서 가을까지 팽나무 잎을 먹으며 무럭무럭 자라요. 통통하게 몸집이 커지면 허물을 벗고, 또 팽나무 잎을 아삭아삭 먹으며 자라면 또 허물을 벗지요.

어느새 늦가을이에요. 이제 아침저녁으로는 꽤 쌀쌀해서 맨몸으로 버티기 힘들어요. 겨울이 멀지 않다는 걸 눈치챈 4령 애벌레들은 서둘러 겨울 준비에 들어갑니다. 이때쯤이면 애벌레는 밤색 옷으로 갈아입

팽나무

지요. 이렇게 몸 색깔을 가랑잎 색깔과 닮은 보호색으로 바꿔야 겨울에 배고픈 새 같은 천적 눈을 피할 수 있거든요.

　이렇게 겨울 채비를 마치면 왕오색나비 애벌레들은 하나둘 팽나무 줄기를 타고 땅으로 내려가거나, 잎에 매달린 채 잎과 함께 떨어집니다. 팽나무 아래 땅에는 노랗게 물든 팽나무 잎이 떨어져 수북이 쌓였어요. 애벌레들은 가랑잎 속으로 들어가 잎 뒷면에 자기 몸을 명주실로 묶은 뒤, 따뜻한 나뭇잎 이불을 덮고 겨울잠을 잡니다. 내년 5월 초까지 여섯 달쯤 잠을 자니 엄청난 잠꾸러기네요.

잠에서 깨어나는 애벌레

　추운 겨울이 지나고 봄이 왔어요. 5월이 되자 팽나무 가지에 새잎이 파릇파릇 돋아나요. 이제부터 팽나무를 좋아하는 곤충들이 바빠지기 시작합니다. 땅바닥 가랑잎 속에서 겨울잠을 자던 왕오색나비 애벌레도 서서히 기지개를 펴고 깨어나요. 애벌레는 가랑잎 속에서 기어 나와 누가 시키지 않아도 팽나무 줄기를 타고 꿈틀꿈틀 기어오릅니다.

　'와, 온통 풀빛 팽나무 잎이네. 저게 다 내 밥이야.' 하며 왕오색나비 애벌레가 기뻐하는 소리가 들립니다. 애벌레는 잎에 앉아 겨우내 굶주린 배를 채워요. 게걸스럽게 먹으면서 몸이 커지면 마지막 허물을 벗는데, 이때 밤색이었던 몸은 풀빛으로 바뀌지요. 풀잎 위에서 살아야 하니 이제 다시 몸빛을 풀빛으로 바꿔 제 몸을 지켜야 하거든요.

다 자란 애벌레는 엄청 크고 우람해요. 몸집이 얼마나 큰지 어린아이 손가락만 합니다. 애벌레 몸매는 길쭉하고 늘씬하죠. 살갗에는 자그마한 돌기들이 쫙 깔려 있는데 제법 귀엽네요. 더구나 애벌레 얼굴은 참 남다르게 생겼어요. 이마에 사슴뿔처럼 생긴 뿔이 쭉 뻗어 있거든요. 뿔을 만져 보니 딱딱하지 않고 부드럽네요.

5월 중순쯤이면 다 자란 애벌레가 번데기로 탈바꿈하죠. 번데기를 만들 때는 잎에 자기 배 끝을 꽁꽁 동여매고 거꾸로 매달려요. 번데기가 된 지 열흘쯤 지나면 번데기에서 아름다운 어른벌레가 날개돋이 해서 나옵니다.

팽나무에 사는 다른 나비들

수노랑나비

여름 들머리에 졸졸졸 물이 흐르는 골짜기를 따라 산길을 걷다 보면 수노랑나비와 만날 수 있어요. 수노랑나비는 힘차게 날아다니다 잠시 축축한 땅에 앉아 둥그런 해를 등지고 날개를 폈다 접었다 하며 볕을 즐기고 있네요. 수노랑나비도 왕오색나비처럼 암컷과 수컷 날개 색깔이 달라요. 이름 그대로 수컷은 날개 윗면과 아랫면 모두 황금색 바탕에 자잘한 검은 무늬가 그려져 있습니다. 하지만 암컷은 날개 윗면이 거무스름한 바탕에 하얀색 띠무늬가 그려져 있고, 아랫면은 녹색 빛이 감돌지요.

수노랑나비는 한 해에 한살이가 단 한 번 돌아가요. 애벌레는 왕오색나비 애벌레처럼 머리에 뿔이 달렸지요. 추운 겨울이 되면 애벌레 모습으로 겨울잠을 자요. 수노랑나비뿐만 아니라 홍점알락나비와 흑백알락나비도 팽나무에 날아와 왕오색나비와 비슷하게 살아갑니다.

수노랑나비
날개 편 길이 57~71mm

수컷   수컷 옆모습   암컷   암컷 옆모습

홍점알락나비
날개 편 길이 69~92mm

수컷   수컷 옆모습   암컷

흑백알락나비
날개 편 길이 봄형 58~64mm, 여름형 65~72mm

봄형   봄형 옆모습   여름형   여름형 옆모습

넉넉한 팽나무 품에 안겨 사는 왕오색나비

뿔나비
날개 편 길이 32~47mm

수컷   수컷 옆모습

암컷   암컷 옆모습

뿔나비

뿔나비는 어른벌레로 겨울잠을 잡니다. 나비 무리 가운데 어른벌레로 겨울을 나는 나비는 엄청 드물어요. 나비 날개는 하늘하늘해서 만지기만 해도 찢어질 것처럼 얇은데, 그런 날개로 추운 겨울을 버틴다는 것은 놀라운 일이지요. 그래서 2월이라도 따뜻한 날이면 벌써 잠에서 깨 날아다녀요. 다른 나비들은 나풀나풀 삐뚤빼뚤 나는데, 뿔나비는 똑바로 반듯하게 쭉 날다가 바삭바삭 마른 떡갈나무 가랑잎 위에 앉는답니다. 그래서 다른 나비와 다르게 나는 모습이 영 멋이 없어요.

뿔나비 몸집은 500원짜리 동전만 해서 나비치고는 작아요. 앞날개 윗면 색깔은 온통 밤색인데 특이하게 음표처럼 생긴 오렌지색 무늬가 박혀 있습니다. 뒷날개에도 오렌지색 무늬가 찍혀 있지요. 날개를 접으면 날개 아랫면에는 오렌지색 무늬는 온데간데없고 그저 밤색 빛깔만 나서 마치 가랑잎 같답니다. 날개 가장자리는 부드러운 곡선이 아니라 누가 뜯어 먹은 것처럼 들쭉날쭉해요. 특이하게 머리에 짧은 뿔이 한 쌍 달려 있지요. 그래서 이름을 '뿔나비'라고 지었습니다.

뿔나비는 한 해에 한살이가 한 번 돌아가요. 5월쯤에 애벌레들을 많이 볼 수 있습니다. 어른벌레는 6월부터 가을까지 여름잠을 자다, 가을에 잠깐 나와 꽃꿀을 먹으며 영양 보충을 합니다. 추워지면 다시 가랑잎 속으로 들어가 겨울잠을 자요. 이렇게 어른벌레는 아무리 못 되어도 아홉 달쯤을 삽니다.

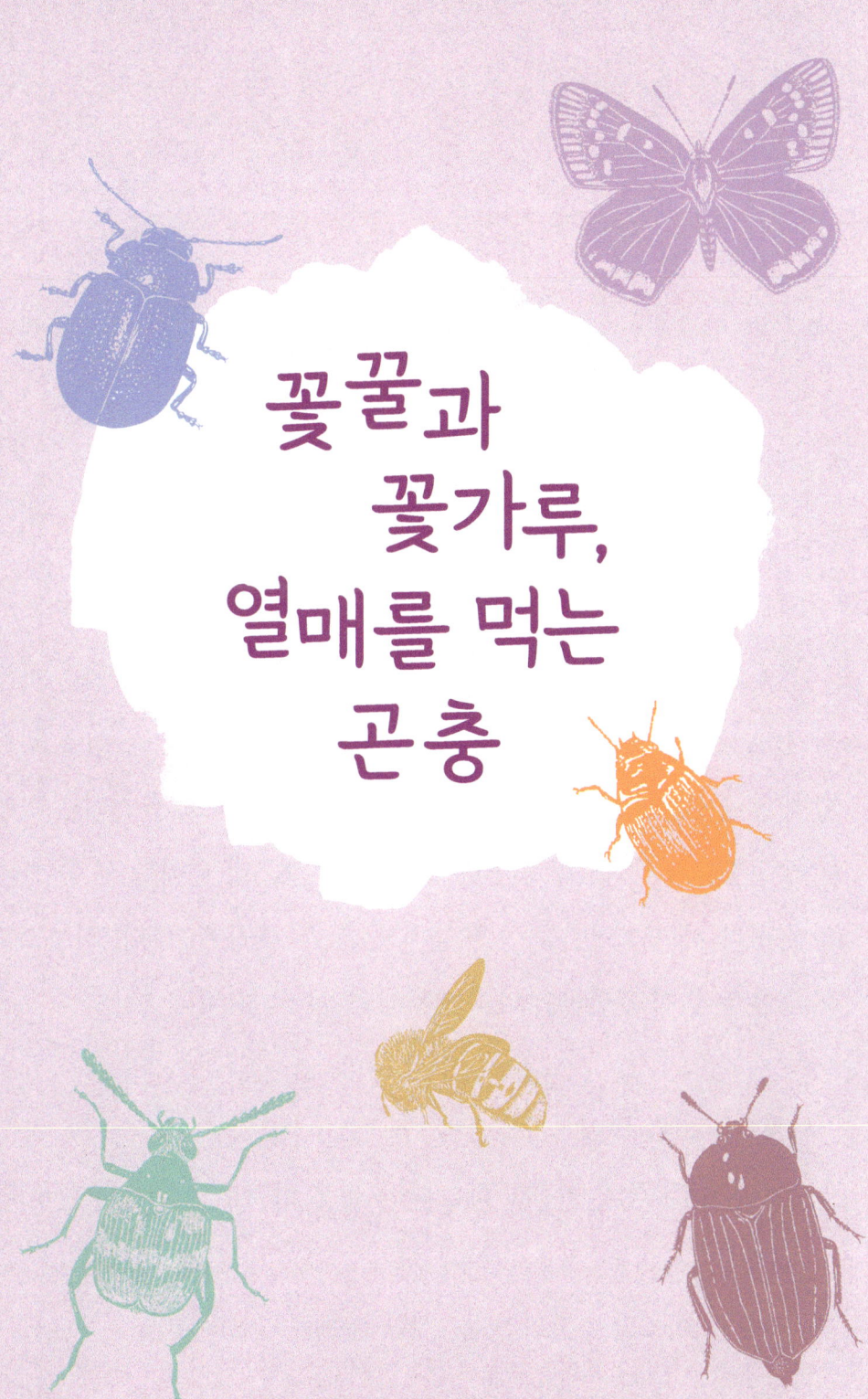

꽃 꿀과 꽃가루, 열매를 먹는 곤충

서양민들레 꿀을 먹는
꿀벌

4월이 되자 오솔길 옆 빈터에는 서양민들레 꽃이 한창이에요. 마치 자기 세상이라도 만난 듯이 여기저기 피어났네요. 가던 길 멈추고 꽃밭에 앉아 방글방글 웃는 서양민들레 꽃을 들여다봐요. 탐스러운 꽃송이에 곤충들이 들락날락 앉았다 날았다, 밥 먹느라 머리를 꽃 속에 넣었다 뺐다 하면서 정신을 쏙 빼놓네요. 꿀벌, 꽃등에, 나비, 하늘소붙이 같은 온갖 봄 곤충들이 나와 민들레 꽃을 찾아옵니다.

서양민들레 꽃 밥상

서양민들레는 추운 겨울만 빼고는 늘 꽃을 피워요. 그런데 유난히 봄에 여기저기서 노란 꽃을 환하게 피지요. 햇빛만 들면 버려진 땅, 길가, 잔디밭, 아스팔트 갈라진 틈, 계단 틈에서 피어납니다.

서양민들레

서양민들레는 국화과 집안 식구로 개망초 친척뻘입니다. 여러 해 동안 사는데, 무 잎처럼 갈라진 잎이 방석같이 바닥에 넓게 퍼지며 자라지요. 잎 한가운데에서 꽃대가 쭉 올라와 노란 꽃이 핍니다.

그럼 푸짐한 서양민들레 꽃 밥상에 찾아오는 곤충들은 누구일까요? 엄청 많답니다. 여러 가지 꽃등에와 나비, 파리, 잎벌레, 하늘소붙이, 꿀벌 같은 온갖 곤충들이 찾아오지요. 왜 그리 많은 곤충들이 서양민들레 꽃에 몰릴까요? 서양민들레 꽃은 꽃방석처럼 생겼거든요. 그래서 늘펀하게 앉아서 밥 먹기가 딱 좋습니다. 또 꽃송이가 하늘을 보고 피어 있어서 꽃밥이 잘 드러나 곤충이 찾기 쉬워요. 꽃가루까지 넉넉하니 곤충들에게는 으뜸가는 밥상이지요.

열심히 꽃가루를 모으는 꿀벌

꿀벌 한 마리가 요란스레 붕 소리를 내며 나타나자 서양민들레 꽃이 들썩여요. 꽃 위에 앉아 있던 호리꽃등에, 자그마한 파리와 알통다리하늘소붙이가 놀라 후다닥 날아오르네요. 꿀벌은 망설일 것도 없이 꽃 속에 몸을 밀어 넣고서는 주둥이로 꽃꿀을 빨아요. 보송보송한 몸 털에 꽃가루가 다닥다닥 붙어 있는 것을 보니 벌써 여러 꽃을 돌아다녔나 봐요. 뒷다리에는 동그스름한 꽃가루 경단이 앙증맞게 붙어 있어요. 경단이 노란색인 것을 보니 꽃가루가 노란 꽃을 들락거렸나 봐요.

꿀벌은 머리를 꽃 속으로 집어넣었다 뺐다 하거나, 아예 머리를 꽃

넓적꽃등에
몸길이 15mm 안팎

꿀벌
몸길이 12~14mm

서양민들레 꿀을 먹는 꿀벌 · 91

속에 박은 채로 이리저리 몸을 움직이기도 해요. 몸을 오른쪽으로 돌렸다, 왼쪽으로 돌렸다 하면서 서양민들레 꽃 구석구석을 부지런히 누비고 다닙니다. 꿀벌 몸이 꽃 속에 파묻힐수록, 꽃 위를 부지런히 걸어 다닐수록, 꿀벌 몸에 난 털에는 꽃가루가 소복소복 묻어요. 이렇게 꿀벌은 하루 종일 서양민들레 꽃에서 딴 꽃꿀을 꿀 주머니에 담고, 꽃가루는 털에 모읍니다. 이렇게 부지런히 일하는 까닭은 꿀벌 집에 동생인 애벌레들이 많기 때문이지요. 애벌레들을 다 먹여 살리려면 꿀과 꽃가루가 엄청 많이 필요하거든요.

꽃가루 경단 나르기

꿀벌들은 힘이 세요. 자기 몸무게 절반만큼 무게가 나가는 꽃꿀을 나를 수 있거든요. 꽃꿀 속에는 물이 50퍼센트나 들어 있어요. 그래서 자기 몸 온도로 물기를 날려 보냅니다. 또 소화가 잘되도록 효소까지 넣은 꿀을 만들어 모아 둔답니다. 털에 묻은 꽃가루는 경단을 만들어 뒷다리에 붙여요. 어떻게 붙일까요? 먼저 꽃가루를 뒷다리와 가운뎃다리에 붙은 솔 같은 털로 쓸어 모아요. 그런 뒤 꿀 주머니에서 축축한 꽃꿀을 내뱉어서 꽃가루와 잘 섞어 경단을 빚지요. 꽃가루 경단이 만들어지면 뒷다리 종아리마디에 파인 '꿀 바구니'에 옮겨 담습니다. 이렇게 부지런히 모은 꿀과 꽃가루 경단은 엄마 여왕벌이 낳은 애벌레 밥이에요. 뿐만 아니라 조금 남겨 두었다가 추운 겨울 동안 먹을거리로 쓴답니다. 그래서 꿀벌은 꽃이 피지 않는 겨울에도 죽지 않고 커다란 가족을 이루며 살아남을 수 있습니다.

또 다른 곤충 손님들

서양민들레 꽃이 차려 놓은 잔칫상에는 끊임없이 곤충 손님들이 들락거려요. 봄이 오자마자 일찌감치 어른벌레로 날개돋이 한 푸른부전나비가 서양민들레 꽃에 나풀나풀 날아옵니다. 서양민들레 꽃방석에 살포시 앉아 머리 아래쪽에 돌돌 말아 감춰 둔 빨대 주둥이를 쏘옥 빼네요. 그런 뒤 길쭉한 주둥이를 꽃 속에 집어넣고 꿀을 빨아 먹지요. 푸른부전나비는 주둥이가 빨대처럼 생겨서 꿀만 먹고 꽃가루는 못 먹습니다.

어디선가 알통다리하늘소붙이가 날아와 가볍게 꽃 위에 앉네요. 딱정벌레목 가문에 하늘소붙이과 집안 식구지만, 알통다리하늘소붙이는 몸이 가벼운 편이라 잘 날아다녀요. 꽃에 앉자마자 앞다리로 수술대를 잡고서 꽃가루를 먹습니다. 큰턱을 가위처럼 양옆으로 벌렸다 오므렸다 하면서 꽃가루를 잘도 씹어 먹네요. 얼마나 빨리 먹는지 주둥이가 오물거리는 것만 보여요. 씹어 먹는 주둥이다 보니 꽃가루를 먹다가 꽃잎까지 마구 씹어 먹네요. 알통다리하늘소 주둥이는 튼튼해서 꽃가루든 꽃잎이든 수술대든 가리지 않고 먹습니다.

이어서 점날개잎벌레, 물결넓적꽃등에, 호리꽃등에, 큰줄흰나비도 서양민들레 꽃을 찾아와 밥을 먹습니다. 이렇게 곤충들은 자기 입맛과 주둥이 생김새에 맞게 서양민들레 꽃을 맛있게 먹지요. 그러니 서양민들레 꽃은 곤충들에게 마음씨 넓은 자선 사업가예요. 찾아오는 곤충 손님에게 애써 공들여 만든 꽃가루, 꽃꿀, 심지어 꽃잎까지 골고루 나눠 주니 말이에요. 곤충들에게는 정말 고마운 꽃이지요. 곤충이 서양민들레에게 해 줄 수 있는 일은 꽃끼리 꽃가루받이를 해 주는 것뿐인데, 서양민들레는 스스로 꽃가루받이를 하기 때문에 사실 곤충 도움도 거의 필요가 없어요. 서양민들레는 곤충에게 주기만 할 뿐 거의 아무것도 바라지 않고 자기 것을 내어 주는 마음씨 좋은 풀이랍니다.

점날개잎벌레
몸길이 4mm 안팎

푸른부전나비
날개 편 길이 22~25mm

큰줄흰나비
날개 편 길이 봄형 41~48mm, 여름형 52~55mm

줄흰나비
날개 편 길이 봄형 39~43mm, 여름형 51~54mm

큰줄흰나비와 줄흰나비

도토리 집에서 사는
도토리거위벌레

여름이에요. 밤새 비바람이 훑고 지나갔어요. 비 갠 아침에 뒷산을 오르니 땅바닥에 상수리나무 줄기가 땅에 떨어졌어요. 하나둘이 아니에요. 수십 개도 넘는 나뭇가지들이 바닥에 널브러져 떨어져 있네요. 자세히 보니 죄다 가지 끝에 도토리가 붙어 있습니다. 아직 덜 여문 도토리가 달린 줄기를 누가 잘라 놓았을까요?

도토리거위벌레 집은 도토리

도토리거위벌레는 딱정벌레목 가문에 거위벌레과 집안 식구예요. 이름처럼 도토리거위벌레는 도토리를 먹고 사는 거위벌레지요. 참나무에는 갈참나무, 굴참나무, 졸참나무, 신갈나무, 상수리나무, 떡갈나무처럼 여러 종류가 있어요. 이 참나무에 열리는 열매를 모두 도토리라

여러 가지 거위벌레

도토리거위벌레
몸길이 8~10mm

포도거위벌레
몸길이 4mm 안팎

뿔거위벌레
몸길이 5~7mm

댕댕이덩굴털거위벌레
몸길이 4~5mm

복숭아거위벌레
몸길이 7~10mm

고 합니다. 우리나라 숲에는 참나무가 많으니 도토리거위벌레 밥은 어디를 가나 발에 밟힐 만큼 많답니다.

도토리거위벌레는 몸길이가 10밀리미터나 되어서 맨눈으로도 잘 보여요. 온몸에는 잿빛 털이 카펫처럼 쫙 깔려 있지요. 주둥이는 얼마나 긴지 제 몸 절반만 해요. 어른 도토리거위벌레는 7월 초순에서 9월까지 주로 여름에 나와 돌아다니는데, 늘 키 큰 나무 위에 앉아 있어서 운이 좋아야 만날 수 있습니다.

튼실한 도토리 고르기

도토리거위벌레는 잎을 오리고 접어 집을 짓고 알을 낳는 여느 거위벌레와는 달리 도토리 속에 알을 낳아요. 햇볕이 쨍쨍 내리쬐는 여름날에 아직 덜 여문 도토리에서 도토리거위벌레가 아주 중요한 일을 한답니다. 마침 암컷 도토리거위벌레가 상수리 나뭇가지를 찾아왔네요. 나뭇가지 끄트머리에는 실한 도토리가 매달려 있습니다. 도토리거위벌레는 도토리 둘레를 서성이며 도토리가 튼실한지 병이 들었는지 살펴요. 한참을 왔다 갔다 하더니 도토리 한 알이 마음에 들었나 봐요. '이 도토리가 마음에 쏙 들어. 여기다 알을 낳아야겠어.' 하며 도토리에 다가갑니다. 이때 암컷은 페로몬을 내뿜어서 수컷을 부른답니다. 참나무 둘레에 있던 수컷은 암컷이 풍기는 냄새를 맡고서 암컷이 앉아 있는 도토리를 잘도 찾아오지요. 수컷은 오자마자 암컷 둘레를 맴돌며

기회를 엿보다 마침내 짝짓기에 성공하네요. 짝짓기를 마친 암컷은 마음에 두었던 도토리를 찾아가고, 수컷은 멀찌감치 떨어져서 다른 수컷이 암컷에게 다가오지 못하게 망을 보지요. 때로는 망을 안 보고 그냥 가는 수컷도 있습니다.

도토리에 알 낳는 도토리거위벌레

다행히도 여름철 도토리는 아직 다 영글지 않고 물러서 알을 낳기가 수월해요. 암컷은 도토리에 다가가 제 몸 절반이나 되는 기다란 주둥이로 구멍을 뚫기 시작합니다. 코끼리 코처럼 길쭉한 주둥이 끄트머리에는 날카로운 이빨이 두 개나 있어요. 그래서 단단한 도토리에 구멍을 뚫는 데 안성맞춤이에요. 도토리거위벌레 주둥이가 몸 절반만큼 긴 것은 다 까닭이 있지요? 도토리거위벌레는 기다란 주둥이를 이리저리 움직이며 도토리 속을 쏠아요. 한참을 쏠아 내니 도토리에 구멍이 뻥 뚫렸어요. 그러자 암컷은 얼른 몸을 180도 거꾸로 돌린 뒤 배 꽁무니를 그 구멍에 꽂고서는 알을 낳습니다. 알은 거의 한 개만 낳지요. 그러고서는 도토리 구멍을 뚫을 때 생긴 부스러기를 긁어모아 구멍을 막는답니다. 알에 병균이나 빗물이 들어가면 안 되니까 구멍 입구를 꼼꼼하게 막는 것이지요.

그런데 이어서 놀라운 일이 벌어져요. 암컷이 도토리가 매달린 나뭇가지를 주둥이로 갉아서 뚝 끊은 뒤 땅바닥에 떨어뜨리네요. 가냘픈

도토리거위벌레가 도토리 안에 알을 낳았다.
알을 낳은 도토리는 가지째 잘라 땅에 떨어뜨린다.

도토리 집에서 사는 도토리거위벌레

주둥이로 딱딱한 나뭇가지를 끊어 내다니 얼마나 힘들까요. 메주콩만 한 도토리거위벌레가 알 하나 낳는 데 들이는 정성을 생각하니 마음이 짠해져요. 이렇게 알 낳는 일에 힘을 많이 쏟다 보니 도토리거위벌레는 알을 많이 낳지 않아요. 알은 도토리 속에 안전하게 있어서 천적이나 비바람에도 잘 버틸 수 있습니다.

그런데 왜 암컷 도토리거위벌레는 나뭇가지를 잘라 알을 낳은 도토리를 땅바닥에 떨어뜨릴까요?

도토리 집에서 사는 애벌레

얼마 뒤 땅에 떨어진 도토리 속에서 아기 도토리거위벌레 애벌레가 태어났어요. 애벌레는 도토리 속살을 파먹고 살아요. 애벌레 큰턱은 엄청 튼튼해서 딱딱한 도토리를 잘 갉아 먹을 수 있답니다.

여름 내내 아기 도토리거위벌레 애벌레는 땅에 떨어진 도토리 속에서 먹고 자고 쉬며 무럭무럭 자랍니다. 몸이 자라면 허물을 벗어요. 허물을 벗을수록 몸이 더 커진답니다. 먹고 나서 똥도 싸는데, 그냥 도토리 안에다 싸요. 그래서 도토리거위벌레 애벌레가 살고 있는 도토리를 쪼개 보면 똥 부스러기로 가득 찼어요.

여름이 지나고 늦가을이 왔어요. 드디어 다 자란 애벌레는 도토리 집을 나와요. 단단한 주둥이로 도토리 껍질을 뚫고 나와 흙 속으로 들어가 겨울잠을 잔답니다. 그래서 엄마 도토리거위벌레가 도토리에 알을 낳은 뒤 나뭇가지를 땅에 떨어뜨리는 거예요. 애벌레가 높은 나무 위에서 흙 속으로 들어가는 것보다 땅 위에서 흙 속으로 들어가는 게 훨씬 안전하기 때문이지요.

애벌레는 긴 겨울 동안 땅속에서 잠을 자요. 그리고 이듬해 늦은 봄에 번데기가 됩니다. 여름 들머리가 되면 번데기에서 어른벌레로 날개돋이 합니다.

동물들 밥인 도토리

옛날 사람들은 흉년이 들어 먹을 것이 없으면 도토리를 주워 묵을 쑤고 죽을 끓여 먹었습니다. 도토리가 사람들 끼니로 먹는 밥 노릇을 톡톡히 한 셈이지요. 그런데 먹을 것이 남아도는 요즘에도 도토리 줍는 사람들이 아주 많아요. 산길뿐만 아니라 숲속까지 들어가서 땅에 떨어진 도토리 줍느라 정신없어요.

그런데 도토리는 다람쥐나 새, 도토리거위벌레 같은 숲속 동물들에게 소중한 밥이에요. 사람들이 숲속 동물이 먹을 밥을 빼앗고 있는 셈이에요. 심지어 사람들은 '도토리에 벌레가 생겼다.'며 도토리거위벌레를 나무라지요. 그래도 씩씩한 도토리거위벌레는 사람들이 도토리를 주워 가거나 말거나 아직까지 대를 이어 가고 있습니다. 이제 땅바닥에 떨어진 도토리를 보면 얼른 주워 숲속으로 보내 주면 좋겠어요.

팥알 하나도 배부르게 먹는
팥바구미

어느 날 갑자기 우리 집에 참깨 알만 한 곤충들이 거실과 주방을 가리지 않고 파르르 날아다녀요. 잡아 보려고 이리저리 쫓아가니 파르르 날다 바닥에 뚝 떨어져 앉았네요. 누구일까? 얼른 엎드려 자세히 들여다보니 팥바구미예요. 서둘러 부엌 서랍을 열어 보니 몇 달 전에 사다 둔 팥 한 봉지가 얌전히 있네요. 에구머니! 그 봉지 속에 깨알 같은 팥바구미들이 바글바글, 그야말로 팥 반 팥바구미 반입니다.

팥을 먹고 사는 팥바구미

팥바구미는 몸이 딱딱한 딱정벌레목 가문에 콩바구미과 집안 식구예요. 팥바구미는 이름 그대로 팥을 먹고 산다고 붙은 이름이지요. 팥바구미는 바구미라는 이름이 들어갔지만 사실 바구미 무리보다는 하늘소나 잎벌레와 더 가까운 무리예요. 바구미 무리는 입이 코끼리 코처럼 쭉 늘어났지만, 콩바구미 무리 입은 그렇지 않답니다.

팥바구미는 몸길이가 3밀리미터쯤 되어요. 몸집이 엄청 작아서 맨눈으로는 잘 안 보이죠. 온몸은 거무스름한데, 군데군데 빨간색이 섞여 있습니다. 몸 겉에는 부드럽고 짧은 털들이 쫙 깔려 있지요. 앞가슴등판은 세모나고 딱지날개는 네모나서 온몸은 오각형으로 생겼어요. 더듬이는 모두 11마디인데, 두툼한 톱니처럼 생겼고 4째 마디부터 11번째 마디로 가면서 시나브로 커진답니다. 더욱이 수컷 더듬이는 빗살처럼 쭉쭉 갈라져서 꼭 사슴뿔처럼 생겼지요.

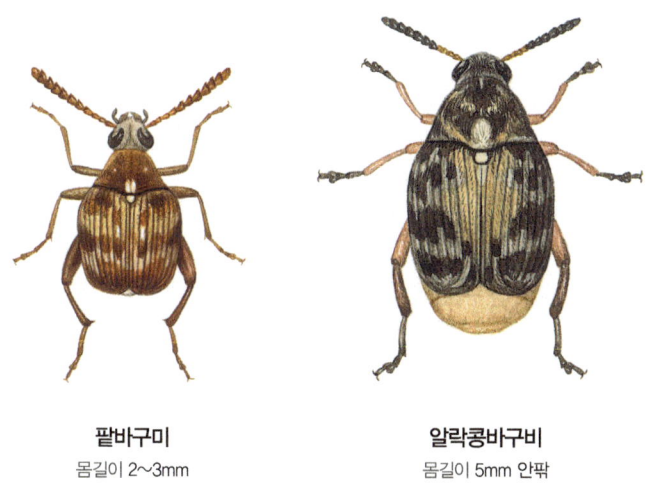

팥바구미
몸길이 2~3mm

알락콩바구비
몸길이 5mm 안팎

벽에 가만히 앉아 있는 팥바구미를 잡으러 살며시 손을 뻗자, 눈치 빠른 팥바구미가 바닥으로 뚝 떨어지네요. 더듬이와 다리를 배 쪽에 오그린 채 발라당 누워 있어요. 건드려도 죽은 듯이 꼼짝하지 않습니다. 얼마쯤 지나자 팥바구미는 정신이 들었는지 더듬이와 다리를 꼬물거리며 몸을 일으킨 뒤 포르르 날아갑니다.

팥알 하나면 충분해

어른벌레는 기껏해야 열흘쯤 밖에 못 살아요. 이렇게 짧게 살면서 알을 낳고 대를 잇는답니다. 그래서 어른벌레는 튼실한 알을 낳기 위해 열심히 먹어요. 암컷은 팥알을 갉아 먹으면서 페로몬을 뿜어 수컷을 불러 들입니다. 가까이에 있던 수컷이 더듬이로 그 냄새를 맡고 재빨리 날아와 암컷과 짝짓기를 합니다.

짝짓기를 마친 암컷은 팥이 열린 꼬투리나 팥알로 가요. 그런데 어떻게 딱딱한 팥 속에 알을 낳을까요? 암컷 팥바구미는 알을 낳는 산란관이 약해서 도저히 팥을 뚫을 수 없거든요. 그래서 팥바구미는 꾀를 내지요. 알을 팥 속에 낳지 않고 팥 껍데기에 낳습니다. 암컷은 배 꽁무니를 팥 껍데기에 대고 알을 낳은 뒤 끈끈한 물을 내어서 알을 덮어 줘요. 그러면 바람이 불고 비가 쏟아져도 알이 팥 껍데기에서 떨어지거나 흘러내리지 않습니다. 암컷은 알을 80개쯤 낳은 뒤에 죽어요.

알을 낳은 지 일주일이 지났어요. 드디어 애벌레가 깨어나네요. 갓

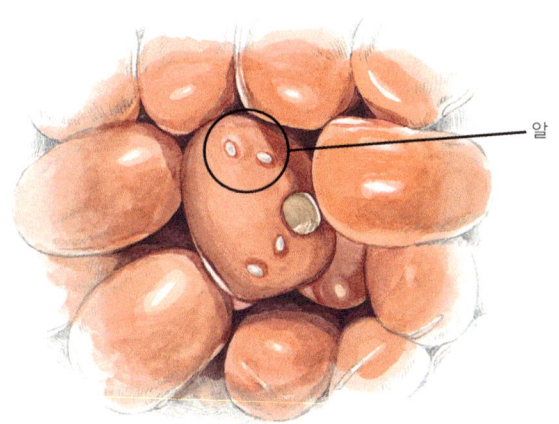

― 알

팥에 알을 낳은 팥바구미
팥알에 구멍이 뚫려 있다. 팥바구미는 팥알 하나에 알을 여러 개 낳기도 한다.

깨어난 애벌레는 본능적으로 팥 껍데기를 튼튼한 큰턱으로 뚫고 팥 속으로 들어갑니다. 그래서 겉에서 보면 애벌레가 깨어났는지, 팥 속으로 들어갔는지 잘 알 수가 없어요. 애벌레는 팥 속에서 굴을 파고 다니며 갉아 먹지요. 먹다 배부르면 쉬고, 배고프면 또 먹어요. 먹은 뒤 똥은 팥 속에다 싸지요. 그래서 팥을 쪼개 보면 애벌레와 똥이 함께 있습니다.

애벌레는 평생을 팥 속에서 살다 보니 다리가 아주 짧아져서 흔적만 남았어요. 멀리 움직일 필요 없이 팥 속에서만 살면 되니 다리가 길 필요가 없지요. 다리가 길면 도리어 좁은 팥알 속에서 지내는 데 더 거추장스러울 뿐이죠.

다 자란 애벌레

다 자란 애벌레는 몸길이가 4밀리미터쯤 된답니다. 몸매는 오동통하고 C자로 살짝 굽어 있어요. 온몸은 우윳빛이에요. 살갗은 야들야들하고 연약해서 살짝 누르기만 해도 움푹 들어갈 것만 같아요. 다리가 거의 사라졌으니 천적을 만나도 못 도망치고 꿈틀거리기만 합니다.

팥바구미 애벌레는 큰턱이 엄청 튼튼해요. 강아지풀 줄기로 애벌레를 건드리면 주둥이를 양옆으로 쫙 벌려 풀 줄기를 냅다 물어 버립니다. 애벌레는 어두운 곳을 좋아해서 빛을 비추면 굉장히 싫어해요. 그래서 몸을 꿈틀거리며 팥 속으로 냉큼 들어갑니다.

애벌레로 두 주쯤 지내면 다 자란답니다. 다 자란 애벌레는 번데기로 탈바꿈하죠. 애벌레는 어디로 멀리 안 가고 자기가 살았던 팥 속에서 번데기로 탈바꿈합니다.

이렇게 번데기로 두 주쯤 지나면 번데기에서 어른벌레가 날개돋이 해서 나와요. 갓 날개돋이 한 어른벌레는 몸이 무르고, 색깔도 허옇습니다. 이때는 별로 움직이지 않고 먹지도 않으며 몸이 굳을 때까지 쉬

팥

지요. 몸이 단단해지고 몸 색깔도 진해지면 팥을 뚫고 바깥세상으로 나옵니다.

장수풍뎅이 똥만큼 작은 팥 속에서 팥바구미가 알에서 어른벌레까지 한살이를 마치는 데 40~50일쯤 걸려요. 다른 곤충들에 비하면 한살이 기간이 엄청 짧은 편이지요. 그래서 팥바구미는 팥만 있다면 한 해에 많게는 4세대에서 5세대까지 대를 이어갑니다.

팥알 하나에 애벌레는 몇 마리나 살까요?

암컷은 팥알 하나에 알을 하나씩 낳을까요? 아니에요. 팥 한 알에 알을 여러 개씩 붙여 낳을 때가 많아요. 세어 보니 어떤 팥에는 알이 7개까지 붙어 있었어요. 그러면 7개 알에서 깨어난 애벌레가 모두 팥 한 알 속에서 무사히 살아남을까요?

아니에요. 모두가 다 먹고 살기에는 팥알이 너무 작기 때문에 몇 마리는 죽습니다. 팥 속에 사는 애벌레들은 먹이를 찾아 다른 곳으로 옮겨 가지 못하기 때문에 밥이 모자라면 굶어 죽지요.

애벌레들에게 미안하지만 알이 7개 붙어 있던 팥알 하나를 쪼개 보았어요. 팥알 속에는 다 자란 애벌레가 3마리만 살아 있었고, 나머지 4마리는 팥 속을 파먹다가 죽은 흔적만 남아 있었어요. 결국 그 팥알 하나에서 살아남은 애벌레는 세 마리뿐이에요. 그렇지만 그 작은 팥알 하나에서 세 마리나 살 수 있다니 놀랍지 않나요?

들판에서 사는 팥바구미는 팥이나 콩 같은 곡식만 먹는 게 아니에요. 여우콩이나 돌콩, 새팥처럼 들에서 자라는 콩 열매도 즐겨 먹습니다. 농부들은 애써 가꾼 팥을 다 갉아 먹는다고 구박을 하지만, 팥바구미는 생태계에서 꼭 필요한 곤충입니다. 생태 먹이 그물에서 팥바구미는 기생벌, 침노린재 무리, 거미, 새들에게 맛있는 밥이 되어 주니까요. 보이지 않는 곳에서 생태계가 건강하게 잘 돌아가게 한몫을 하니 미워하기만 하면 안 되겠죠?

새팥

버섯을 먹는 곤충

아까시재목버섯을 먹고 사는
넓적가시거저리

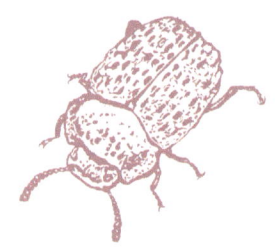

4월이 되어 봄꽃들이 필 때면 아까시나무 그루터기에도 어른 손바닥만 한 아까시재목버섯이 빼꼼 얼굴을 내밉니다. 색이 바래고, 흙먼지가 덮인 걸 보니 지난해 여름에 피어났나 봐요. 버섯을 만져 보니 얼마나 딱딱한지 나무껍질 저리 가라입니다. 힘주어 한 조각을 떼는 순간, 까만 콩처럼 생긴 까만 벌레들이 후드득 바닥에 떨어져요. 누굴까요? 온몸이 오톨도톨 여드름투성이인 '넓적가시거저리'예요.

온 세계에서 드문 넓적가시거저리

넓적가시거저리가 우리나라에 처음 알려진 때는 2007년이에요. 넓적가시거저리를 만나려면 오로지 아까시재목버섯을 찾아야 해요. 입맛이 까다로운 미식가라 아까시재목버섯만 먹고 살기 때문이에요. 넓적가시거저리는 우리나라에서는 흔하게 볼 수 있지만 드넓은 지구에서는 우리나라와 일본 단 두 나라에서만 살아요. 그러니 온 세계에서는 아주 희귀한 곤충이랍니다.

넓적가시거저리
몸길이 4.5~5mm

넓적가시거저리 밥집은 아까시재목버섯

넓적가시거저리와 아까시재목버섯은 서로 뗄 수 없는 사이예요. 넓적가시거저리는 아까시재목버섯 없이는 단 한순간도 살아갈 수 없기 때문이지요.

아까시재목버섯은 죽거나 죽어 가는 아까시나무에 붙어 나기 때문에 붙은 이름이에요. 아까시나무는 온 나라 어디서나 흔히 자라는 탓에 아까시재목버섯도 온 나라 어디에나 많이 피어나요.

아까시재목버섯은 주로 나무 밑동에서 핍니다. 생김새는 반달처럼 생겼는데, 홀로 피지 않고 거의가 여러 개 겹겹이 붙어 나지요. 마치 철판에 잘 구운 호떡을 차곡차곡 쌓아 올린 것처럼 보입니다. 갓 지름은 20센티미터나 될 만큼 커요. 갓 색깔은 불그스름한 색과 밤색이 섞여 있는데, 막 피어난 가장자리는 노랗습니다. 만져 보면 엄청 딱딱해서 쪼개지지가 않습니다. 아까시재목버섯은 사람 몸에 좋은 물질이 많아서 '장수버섯', '만년버섯'이라고도 합니다.

아까시재목버섯에 떼 지어 사는 넓적가시거저리

마침 쓰러진 아까시나무에 접시를 반 쪼개 붙여 놓은 것처럼 아까시재목버섯들이 겹겹이 붙어 있네요. 땅바닥에 손수건을 깔고 버섯 한 조각을 들추어 봤어요. 역시 팥알만 한 넓적가시거저리 수십 마리가 갓 아랫면에 다닥다닥 붙어 있네요. 조심스럽게 버섯을 건드리는 순간

아까시재목버섯

우박 떨어지듯 후두두둑 손수건 위로 떨어집니다. 몇 마리는 안 떨어지고 머리를 버섯 구멍 속에 박고 버둥거려요.

떨어진 넓적가시거저리를 잡아 10배율 돋보기로 꼼꼼히 들여다봤습니다. 몸길이는 4.5~5.0밀리미터로 팥알만 하고, 몸매는 절구통처럼 두루뭉술하고 넓적해요. 더듬이는 짧아서 앞가슴등판을 넘지 못합니다. 다리도 짧아서 위에서 내려다보면 잘 안 보여요. 무엇보다 눈에 띄는 것은 두꺼비 등짝 같은 겉껍질이에요. 머리부터 날개 끝까지 온 등에 여드름처럼 생긴 크고 작은 돌기들이 쫙 깔려 있지요. 만져 보면 오톨도톨합니다.

뒤뚱뒤뚱 걸어서 도망치는 넓적가시거저리를 슬쩍 건드려 봤어요. 본능적으로 더듬이와 여섯 다리를 잽싸게 움츠려 배 쪽에 집어넣고는 '나 죽었다!' 하며 꼼짝도 안 합니다. 이때는 정말 죽은 것처럼 정신을 잃고 꼼짝을 못 하죠. 시간이 지나야 제정신으로 돌아온답니다.

아까시재목버섯을 갉아 먹는 넓적가시거저리

그런데 꼼짝도 안 하는 넓적가시거저리에게서 시큼한 냄새가 풍겨 나옵니다. 건드렸을 때 깜짝 놀라 방귀 폭탄을 쏘았기 때문이지요. 넓적가시거저리는 천적을 만나 위험을 느끼면 곧바로 시큼한 냄새가 나는 방귀 폭탄을 쏴서 천적을 따돌려요. 잠시 뒤 언제 그랬냐는 듯이 더듬이와 다리를 꼬물꼬물 움직이며 일어나네요.

굴속에서 자라는 애벌레

어른벌레는 아까시재목버섯을 먹다가 짝을 만나 짝짓기를 하죠. 짝짓기를 마친 암컷은 멀리 갈 필요 없이 자기가 살고 있는 아까시재목버섯에 알을 낳습니다. 알에서 깨어난 애벌레는 엄마 아빠처럼 아까시재목버섯을 먹고 무럭무럭 자란답니다. 모두 허물을 세 번 벗으면서 크는데, 애벌레로 30일쯤 지내요.

애벌레는 몸매가 긴 원통처럼 생겨서 오동통합니다. 몸 색깔은 뽀얀 우윳빛이고 기름기도 흘러요. 살갗은 보들보들하고 연약하죠. 애벌레는 여기저기를 자유롭게 돌아다니지 않고 버섯 속에 굴을 파고 그 속에서 삽니다. 그러다 보니 다리는 짧은 편이에요. 배 꽁무니에는 꼬리돌기가 한 쌍 붙어 있어서 굴속에서 뒤로도 갈 수 있지요. 누가 건드리면 몸을 쭉 펴고 좌우로 흔들며 위협하지만, 다리가 짧아서 재빠르게 도망치지는 못합니다.

애벌레는 굴속 방에서 내내 살아요. 배고프면 방 벽을 갉아 먹고, 방 안에서 똥도 싸고, 허물도 벗고, 잠도 자지요. 그러다 보니 늘 몸을 새우처럼 구부정하게 구부리고 삽니다. 방이 타원형으로 생겼기 때문에 몸을 쭉 펴는 것보다 알맞게 구부려야 더 편히 지낼 수 있거든요.

신기하게도 넓적가시거저리 애벌레는 옆방 애벌레 집을 탐내지 않는답니다. 배가 고파서 방 벽을 갉아 먹을 때는 다른 애벌레 방에 들어가지 않게 조심해요. 옆방 친구가 가까이 오면 소리를 내거나 냄새를 풍겨서 더 다가오지 못하게 하는 것 같아요. 넓적가시거저리 애벌레 똥은 좁쌀같이 생겼어요. 똥은 가벼워서 훅 불면 마치 모래알처럼 굴러다닙니다.

번데기도 버섯 속에서

다 자란 애벌레는 번데기로 탈바꿈해요. 번데기 또한 애벌레가 살았던 굴속에서 만들지요. 번데기 색깔도 애벌레처럼 우윳빛이에요. 번데기 때에는 입이 없어서 아무것도 안 먹고, 항문이 없어서 똥도 안 싸요. 천적을 만나도 다리가 없어서 못 도망치고 배 쪽을 좌우로 움직이거나 원을 그리며 심하게 몸부림칠 뿐이지요. 번데기가 된 지 열흘쯤 지나면 어른벌레로 날개돋이 합니다.

우리 이웃 넓적가시거저리 지키기

아까시재목버섯 한 조각만 있으면 적어도 10마리가 넘는 넓적가시거저리가 아무 걱정 없이 편히 살 수 있습니다. 넓적가시거저리는 사람과 달리 앞날을 위해 미리 버섯을 모아 둘 줄도 몰라요. 욕심이 없어서 버섯이 있으면 먹고, 없으면 배고파 굶어 죽지요.

그런데 욕심 많은 사람들은 넓적가시거저리 밥인 아까시재목버섯을 통째로 따간답니다. 몸에 좋다고 하니 보는 족족 싹 쓸어가지요. 그러니 입맛이 까다로워서 아까시재목버섯만 먹는 넓적가시거저리가 시나브로 사라져 가고 있어요. 우리 이웃인 넓적가시거저리와 오래오래 함께 지내려면 아까시재목버섯을 따지 말고 잘 지켜 주어야겠어요.

거저리 무리

거저리 무리는 딱정벌레목 가문 가운데 한 가족이에요. 온 세계에 22000종쯤이 살고 있어요. 우리나라에는 130종쯤이 알려졌지요. 거저리 무리는 산이나 들판, 강가, 바닷가에서 삽니다. 생김새가 무당벌레처럼 둥근 것부터 하늘소처럼 길쭉한 것, 먼지벌레처럼 납작한 것까지 여러 가지예요. 어두운 곳을 좋아하고 대부분 식물이나 버섯을 먹지만, 썩은 고기나 식물 뿌리에 있는 균을 먹는 종도 있어요. 몇몇 종은 사람들이 갈무리한 곡식을 갉아 먹기도 합니다. 우리가 흔히 '밀웜'이라고 알고 있는 애벌레가 갈색거저리 애벌레예요.

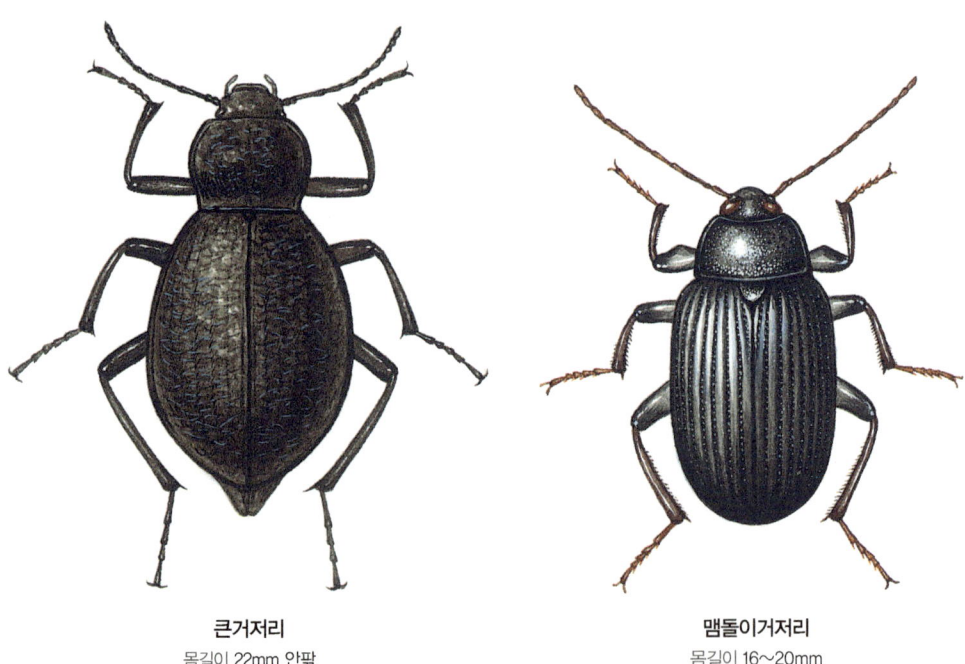

큰거저리
몸길이 22mm 안팎

맴돌이거저리
몸길이 16~20mm

거저리 무리는 먼지벌레 무리와 생김새가 아주 닮아서 헷갈려요. 거저리 무리는 머리가 땅쪽을 바라보고, 먼지벌레 무리는 머리가 앞쪽을 바라봅니다. 또 거저리 무리 더듬이는 염주를 꿰어 놓거나 톱니처럼 생기거나 실처럼 길쭉한 것처럼 여러 가지인데, 먼지벌레 무리 더듬이는 거의 실처럼 길쭉해요. 또 거저리 무리는 뒷다리 발목마디가 4개인데, 먼지벌레 무리는 모두 5개입니다.

제주거저리
몸길이 7~9mm

모래거저리
몸길이 10~11mm

바닷가거저리
몸길이 3~5mm

작은모래거저리
몸길이 9mm 안팎

금강산거저리
몸길이 7~9mm

구슬무당거저리
몸길이 10mm 안팎

우묵거저리
몸길이 9~12mm

대왕거저리
몸길이 24~26mm

갈색거저리
몸길이 15mm 안팎

강변거저리
몸길이 10~11mm

별거저리
몸길이 7~12mm

호리병거저리
몸길이 12~16mm

보라거저리
몸길이 14~16mm

삼색도장버섯을 먹고 사는
흑진주거저리

　4월에는 아직 나뭇잎이 우거지지 않아서 숲 바닥은 봄 햇살로 가득 찹니다. 솔솔 불어오는 봄바람에 어디선가 새콤하고 향긋한 냄새가 실려 오네요. 꽃 냄새가 아니에요. '이 냄새는 무슨 냄새지?' 궁금한 나머지 코를 킁킁거리며 여기저기 숲 바닥을 뒤져 봤습니다. 그리고 냄새 주인공을 찾았어요. 바로 거저리가 풍기는 냄새였네요. 숲 바닥에는 썩은 나무들이 드러누워 있고, 나무껍질 위에는 삼색도장버섯 수십 송이가 다닥다닥 붙어 있어요. 성큼성큼 다가가 삼색도장버섯을 조심스럽게 뒤적이니 흑진주 같은 새까만 벌레가 버섯에 붙어 있습니다. 몸에 기름칠이라도 한 것처럼 반짝거리기까지 해요. 누구일까요? 바로 보석 뺨치게 반짝거리는 흑진주거저리예요.

삼색도장버섯은 흑진주거저리 밥

흑진주거저리가 먹는 밥은 삼색도장버섯이에요. 삼색도장버섯은 죽어 가는 나무, 썩은 나무에서 납니다. 특히 넓은잎나무가 있으면 우리나라 어디서나 피어나지요. 삼색도장버섯은 반달처럼 생겼어요. 이 버섯은 땅에서 나지 않고 늘 나무껍질에 딱 들러붙어 있답니다.

갓 윗면에는 짙은 밤색, 누런 밤색, 붉은색 띠들이 번갈아 반원처럼 고리 무늬로 나 있어요. 갓 아랫면은 주름살로 가득 채워졌는데, 그 주름살 속에는 포자가 들어 있습니다.

삼색도장버섯을 갉아 먹는 흑진주거저리

삼색도장버섯은 적게는 몇십 송이에서 많게는 수백 송이가 구름이 뭉게뭉게 피어나는 것처럼 쌓입니다. 삼색도장버섯은 몸이 마른 가죽처럼 딱딱하고 질겨서 좀처럼 쪼개지지도 않고 찢어지지도 않아요. 단단해서 잘 썩지도 않아서 아주 오래 살지요. 그래서 한살이가 긴 곤충은 삼색도장버섯을 엄청 좋아합니다. 평생 동안 먹여 주고 재워 주고 쉼터가 되어 주기 때문이지요. 그런 곤충 가운데 흑진주거저리는 삼색도장버섯을 엄청나게 좋아해서 삼색도장버섯만 봤다 하면 찾아와 그곳에서 밥을 먹고 알을 낳습니다.

살아 있는 진주, 흑진주거저리

흑진주거저리는 딱정벌레목 가문에 거저리과 집안 식구예요. 거저리들 가운데 버섯만 먹고 사는 녀석들이 있는데, 그 가운데 가장 잘 알려진 거저리가 흑진주거저리입니다. 흑진주거저리는 혼자 안 살고 대부분 몇 마리씩 모여 있어서 눈에 잘 띄어요.

흑진주거저리는 몸 색깔이 까맣습니다. 몸은 보석처럼 반짝거려서 이름처럼 정말 '흑진주' 보석 같아요. 몸길이는 6밀리미터쯤 되어서 맨눈에도 잘 보입니다. 몸매는 달걀처럼 갸름해서 보기 예쁘죠. 딱지날개에는 자잘한 홈이 파여 16줄이 나 있습니다. 선 긋기 연습한 것처럼 가지런히 줄 맞춰 늘어서 있지요. 더듬이는 마치 구슬을 실에 정성껏 꿰어 만든 목걸이처럼 생겼습니다. 재미있게도 수컷 이마에는 작고 앙

흑진주거저리 암컷
몸길이 6~8mm

중맞은 뿔이 두 개 나 있지만, 암컷 이마에는 뿔 대신 뭉툭한 돌기가 붙어 있어요.

흑진주거저리는 우리나라 어느 곳에나 눈에 밟힐 만큼 많지만, 온 세계에서는 우리나라와 일본에서만 사는 귀한 곤충입니다.

애벌레 밥도 삼색도장버섯

흑진주거저리 어른벌레와 애벌레는 모두 버섯을 밥으로 먹고 살아요. 둘 다 어두컴컴한 버섯 속에서만 사니 평생 햇빛을 볼 일도 없고, 먹이만 떨어지지 않으면 밖으로 나올 일도 없습니다.

어른벌레는 삼색도장버섯에서 살면서 마음에 드는 짝을 만나 짝짓기를 해요. 짝짓기를 마친 암컷은 역시 삼색도장버섯에 알을 낳지요. 알에서 깨어난 애벌레도 삼색도장버섯 속을 헤집고 다니며 버섯을 밥으로 먹습니다. 애벌레는 모두 허물을 세 번 벗으며 40일쯤 무럭무럭 자랍니다.

흑진주거저리 애벌레는 생김새가 어른벌레와 영 딴판이에요. 몸매는 기다랗고, 몸빛은 옅은 밤색이지요. 살갗은 반질거리고, 더듬이는 보일락 말락 짧아요. 눈치는 얼마나 빠른지 가까이만 다가가도 쏜살같이 도망쳐 버섯 속으로 숨습니다. 더구나 배 꽁무니 쪽에 뾰족하게 도드라진 돌기가 있어서 버섯을 짚고 뒤쪽으로 뒷걸음치며 잘도 도망치죠. 이렇게 빠릿빠릿하니 애벌레는 버섯 속을 부드러운 몸으로 쑤시고 다니며 밥을 먹고, 똥을 싸고, 아무 데나 허물을 벗어 던지며 제멋대로 삽니다.

버섯 밥이 다 떨어져 먹을 것이 모자라면 같이 살고 있는 친구들을 잡아먹기도 해요. 딱딱한 버섯을 먹을 만큼 주둥이가 튼튼하니 살아 있는 애벌레를 먹는 것은 식은 죽 먹기예요. 그래도 먹을 수 있는 버섯이 다 떨어지면 더 이상 못 버티고 모두 죽습니다.

몸을 지켜 주는 똥

곤충을 키우며 연구하다 보면 아직도 모르는 것이 많다는 것을 새삼 깨닫습니다. 17년 전에 처음으로 흑진주거저리를 키웠을 때 일입니다.

흑진주거저리들이 버섯을 먹고 살다 죽은 자리에는 꼭 머리카락 같은 곰팡이가 길게 피어 있었어요. 당연히 버섯에서 핀 곰팡이겠다 싶어 눈길도 안 줬지요. 그런데 그게 아니었어요. 현미경 아래에서 애벌레를 살피고 있는데, 꽁무니에서 머리카락 같은 똥이 길게 나오는 것이 아니겠어요? 세상에, 똥이라니! 이제껏 곰팡이라고 여겼던 것이 바로 흑진주거저리 애벌레가 싸 놓은 똥이었던 거지요. 꽁무니에서 나오는 똥 길이를 재 보았더니 15센티미터가 넘습니다. 자기 몸길이에 열 배나 넘는 똥을 싸다니 놀랄 뿐이었죠.

 흑진주거저리는 애벌레와 어른벌레가 싸는 똥 생김새가 서로 달라요. 어른벌레 똥은 좁쌀처럼 생겼고, 애벌레 똥은 머리카락처럼 길고 가느다랗게 생겼습니다. 흑진주거저리 애벌레는 애벌레 시절 내내 밥을 먹는 버섯에 머리카락 같은 똥을 수북이 싸 놓아요. 싼 자리에 또 싸고 쌉니다. 똥은 잘 부스러지지 않아서 차곡차곡 버섯 둘레에 쌓이면 나중에는 푸짐한 똥 더미가 되지요. 그래서 애벌레가 속을 다 파먹어 가죽질만 남은 버섯 둘레를 똥 더미가 둘러쌉니다. 똥 색깔은 밥으로 먹은 버섯 조직이나 포자 색깔과 비슷해요. 삼색도장버섯 색깔이 밤색이다 보니 흑진주거저리 애벌레가 싼 똥도 진한 밤색이지요.

 그러면 이렇게 싸 놓은 똥은 어떤 역할을 할까요? 머리카락처럼 이리저리 엉키게 싸 놓은 똥은 애벌레와 어른벌레를 지켜 주고 숨겨 줍니다. 흑진주거저리가 먹는 버섯은 늘 나무에 매달려 있어요. 그러니 애벌레가 제아무리 조심해서 돌아다녀도 버섯에서 떨어질 수도 있고, 천적 눈에 띌 수도 있습니다. 그래서 애벌레는 똥을 잔뜩 싸서 자기가 사는 버섯을 둘러싸죠. 마치 철책을 치는 것처럼 방어벽을 치는 거예요. 더구나 얼기설기 엉킨 똥 더미는 공기가 잘 통해서 버섯이 안 썩게 한답니다. 또 똥 더미는 애벌레가 허물을 잘 벗을 수 있게 지지대 노릇을 해 줍니다.

흑진주거저리 애벌레가 삼색도장버섯을 먹고 실처럼 가느다란 똥을 잔뜩 싸 놓았다.

번데기도 버섯 속에서 만들어요

다 자란 애벌레는 자기가 살던 버섯 속에서 번데기로 탈바꿈해요. 번데기는 마치 포대기에 싸인 아기 같습니다. 안타깝게도 흑진주거저리 번데기는 번데기 방이 따로 없어서 어른벌레가 될 때까지 맨몸으로 지내야 합니다. 번데기가 된 지 열흘쯤 지나면 어른벌레로 날개돋이 해요. 갓 날개돋이 한 어른벌레는 몸이 굳을 때까지 며칠 동안 버섯 속에서 쉬지요.

몸이 다 굳고 나면 어른벌레는 버섯 둘레를 돌아다니며 버섯 밥도 먹고 짝짓기도 해요. 재미있게도 흑진주거저리 어른벌레는 날아다니는 것보다 걸어 다니는 것을 더 좋아합니다. 사는 집이 비좁은 버섯 속이다 보니 날기보다는 걷는 일이 더 수월하기 때문이지요.

흑진주거저리는 한살이가 한 해에 한 번 돌아가요. 하지만 온도가 높은 집 안에서 키우면 한살이가 한 해에 두 번 넘게 돌아갑니다.

여름 들머리에 버섯을 찾아오는
고오람왕버섯벌레

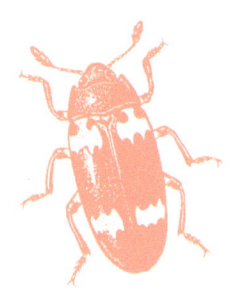

6월에 조선 시대 아홉 왕들이 누워 있는 경기도 동구릉에 왔어요. 이미 숲이 우거져서 숲속은 어둑어둑합니다. 조심조심 숲길을 따라 걷는데 길옆에 죽어 가는 서어나무가 우뚝 서 있네요. 나무껍질 위에 허연 버섯 균사체가 넓게 깔려 있어요. 균사체는 버섯으로 피어나기 전 모습이지요. 혹시나 싶어 이리저리 손전등을 비추며 살피는데, 과연 균사체 위에 버섯에 사는 벌레들이 여러 마리 붙어 있네요. 아기 손톱만큼 큰 '고오람왕버섯벌레'입니다.

토박이 곤충 고오람왕버섯벌레

고오람왕버섯벌레는 이름만 보면 다른 나라에서 들어온 곤충 같지만 우리나라에서 오래전부터 살고 있는 토박이 곤충이에요. 학명을 처음

지은 사람인 '고오람(Gorham)'이라는 연구자 이름을 넣어서 이름을 '고오람왕버섯벌레'라고 지은 것뿐이죠. 학명은 온 세계 사람들이 알 수 있도록 지은 이름이에요.

고오람왕버섯벌레는 우리나라에서 가장 흔하게 만나는 버섯벌레예요. 늦은 봄부터 가을 들머리까지 온 나라 어디를 가나 버섯만 있으면 어김없이 만날 수 있습니다. 특히 비가 자주 내리는 여름 들머리 무렵에는 나무껍질을 뒤덮은 버섯이나 균사체에 떼거리로 모여들지요. 그곳에서 밥을 먹고 마음에 드는 짝을 만나 짝짓기를 합니다.

고오람왕버섯벌레는 우리나라에 흔하지만, 우리나라를 빼고 일본과 중국에서만 삽니다. 그래서 온 세계에서는 아주 귀한 곤충이에요.

고오람왕버섯벌레
몸길이 11~15mm

불꽃 무늬가 화려한 어른벌레

고오람버섯벌레는 몸길이가 11~13밀리미터나 될 만큼 몸집이 커서 금방 눈에 띄어요. 몸매는 길쭉한 달걀처럼 생겨서 훤칠해 보이죠. 몸에는 아주 짧은 솜털이 빽빽하게 나 있지만, 살짝 기름기가 흘러요. 무엇보다도 몸 색깔이 화려하답니다. 온몸은 까맣지만, 딱지날개에 주황색 무늬 네 개가 아름답게 찍혀 있지요. 이 주황색 무늬는 어깨에 두 개, 배 꽁무니 쪽에 두 개가 있어요. 어깨에 있는 무늬는 마치 불꽃이 타오르는 것처럼 생겨서 생동감이 넘칩니다. 더듬이는 모두 11마디로 이뤄졌는데, 1~8번째 마디는 자그마한 구슬처럼 생겼고, 9~11번째 마디는 넓적하게 부풀어 있어요. 넓적하게 부푼 9~11번째 더듬이 마디에는 다른 마디보다 훨씬 더 많은 감각 기관이 빼곡하게 깔려 있습니다. 그래서 둘레에서 벌어지는 환경 변화를 쉽게 눈치챌 수 있지요.

떼 지어 사는 애벌레

짝짓기를 마친 엄마 고오람왕버섯벌레는 버섯이나 균사체, 버섯이 자라는 나무껍질에 알을 낳아요. 7월이면 알에서 깨어난 애벌레들이 틈만 나면 균사체나 버섯에 모여 버섯을 갉아 먹지요. 낮에 여러 마리가 모이는데, 때로는 수십 마리가 떼 지어 나와 함께 사이좋게 지냅니다. 마침 균사체에 애벌레들이 모여 있어요. 얼마나 많이 먹었는지 살이 토실토실 올랐네요. 살살 건드리니 꿈틀꿈틀 기어 나무껍질 틈으로

고오람왕버섯벌레 짝짓기

쏙 들어가 숨습니다.

 다 자란 애벌레는 몸길이가 13밀리미터쯤 되어서 애벌레치고는 몸집이 꽤 큽니다. 몸매는 조금 길쭉한 원통처럼 생겨서 통통한 편이에요. 온몸은 우윳빛인데, 등에는 노란색과 검은색이 규칙적으로 섞인 무늬들이 그려져 있어요. 살갗에는 짧은 털들이 듬성듬성 덮여 있지요. 가슴에는 짧은 다리가 여섯 개 붙어 있어서 버섯이나 나무껍질 틈을 마음대로 걸어 다닐 수 있습니다. 더구나 배 꽁무니에는 꼬리 돌기가 한 쌍 붙어 있어요. 이 돌기로 버섯이나 나무껍질에서 떨어지지 않게 꽉

여름 들머리에 버섯을 찾아오는 고오람왕버섯벌레 · 137

잡고, 좁은 곳에서는 뒷걸음도 거뜬히 칠 수도 있지요. 애벌레는 허물을 모두 두 번 벗고 3령까지 자라요. 날씨가 무더운 여름에 애벌레로 3주쯤 지냅니다.

나무껍질 안쪽에 만드는 번데기

다 자란 애벌레는 번데기 만들 때가 다가오면 밥은 안 먹고 본격적으로 버섯 틈이나 나무껍질 틈 같은 안전한 곳을 찾아다녀요. 구석지거나 어두컴컴한 곳에 자리 잡으면 몸에서 물기와 찌꺼기를 빼면서 번데기로 탈바꿈할 준비를 하죠. 고오람왕버섯벌레 애벌레는 나방 애벌레와 달리 번데기를 지켜 줄 방인 고치를 따로 만들지 않아요. 그냥 나무껍질 안쪽 구석에서 번데기가 됩니다.

보름쯤 지나자 드디어 번데기에서 어른벌레가 날개돋이 해 빠져나옵니다. 갓 날개돋이 한 어른벌레 몸은 말랑말랑하게 부드럽고 몸빛도 허옇지만, 4~5일이 지나면 몸도 단단하게 굳고 색깔도 진해져서 고오람왕버섯벌레 본래 모습이 됩니다.

고오람버섯벌레 밥은 버섯과 균사체

어른벌레로 날개돋이 한 고오람왕버섯벌레는 버섯을 밥으로 먹으며 한살이를 시작합니다. 고오람왕버섯벌레가 살아가는 데 꼭 필요한 밥은 균사체나 막 피어나는 신선한 버섯이에요. 다행히 입맛이 까다롭지 않아서 버섯 종류를 안 가리고 먹지만 거의 나무에 붙어 나는 버섯들을 즐겨 먹습니다.

고오람왕버섯벌레 어른벌레는 가을부터 일찌감치 겨울 채비를 해요. 버섯 밥을 먹다가 날씨가 추워지면 두툼한 나무껍질 안쪽이나 썩은 나무속으로 들어가 겨울잠을 자지요. 그리고 이듬해 5~6월쯤 봄비가 내린 뒤 버섯들이 피어날 때쯤에 긴 잠에서 깨어나 본격적으로 한살이를 시작합니다.

고오람왕버섯벌레가 버섯을 갉아 먹고 있다.

닮아도 너무 닮은 왕버섯벌레 무리

우리나라에 사는 왕버섯벌레 식구들은 고오람왕버섯벌레, 모라윗왕버섯벌레와 노랑줄왕버섯벌레로 모두 3종입니다. 모두 생김새와 먹는 버섯, 사는 모습이 아주 닮았어요.

고오람왕버섯벌레는 몸 등 쪽에 맨눈으로도 보이는 짧은 솜털이 덮여 있는데, 모라윗왕버섯벌레보다 많이 길어요. 딱지날개 어깨에 있는 까만 점무늬는 옆면까지 뻗어 있어서 불꽃처럼 생긴 빨간 무늬에 부분적으로만 둘러싸입니다.

모라윗왕버섯벌레는 몸 등 쪽에 현미경으로나 볼 수 있는 아주 짧은 털들이 덮여 있어요. 그래서 맨눈에는 털이 없는 것처럼 매끈하게 보입니다. 딱지날개 어깨에 있는 까만 점무늬가 불꽃처럼 생긴 빨간 무늬에 부분적으로 둘러싸여 있지요.

노랑줄왕버섯벌레는 몸 등 쪽에 현미경으로나 볼 수 있는 짧은 솜털이 덮여 있는데, 모라윗왕버섯벌레보다 조금 더 길어요. 딱지날개 어깨에 있는 까만 점무늬는 불꽃처럼 생긴 무늬에 완전히 둘러싸여 있습니다.

버섯벌레 무리

버섯벌레 무리는 온 세계에 2500종쯤이 살고, 우리나라에는 40종쯤이 알려졌어요. 이름처럼 버섯벌레 무리는 썩은 나무나 그루터기에서 자라는 버섯을 먹고 살지요. 버섯이 자라는 산이나 들판에서 볼 수 있습니다. 저마다 생김새나 크기, 몸빛이 다르답니다. 가끔 밤에 불빛으로 날아오기도 해요. 버섯벌레 무리는 더듬이 마지막 세 마디가 곤봉처럼 부풀었습니다.

고오람왕버섯벌레
몸길이 11~15mm

모라윗왕버섯벌레
몸길이 11~14mm

노랑줄왕버섯벌레
몸길이 14~32mm

톱니무늬버섯벌레
몸길이 5~7mm

제주붉은줄버섯벌레
몸길이 5mm 안팎

노란망태버섯에 사는
송장벌레

무더운 한여름인 8월이에요. 동이 틀 무렵 노랑망태버섯을 보러 산에 올라갔어요. 어둑어둑한 새벽에 숲 바닥 여기저기에서 노랑망태버섯이 꽃처럼 피어나고 있습니다. 해가 뜰 무렵이 되자 드디어 노랑망태버섯들이 완전히 피어났네요. 어여쁜 노란색 망사 치마를 입은 것처럼 화려한 자태를 뽐냅니다.

하루도 못 사는 노란망태버섯

무더운 여름에 숲속에서 피어나는 노랑망태버섯은 너무도 예뻐서 한 번 보면 잊을 수가 없답니다. 노랑망태버섯은 속이 훤히 다 보이는 노란 망사 옷을 입은 것 같다고 붙은 이름이에요. 처음에는 분홍망태버섯이라고 했지만 버섯이 노란색이라 지금은 노란망태버섯이라고 하죠. 북녘에서는 여전히 분홍망태버섯이라고 합니다.

깜찍한 노란망태버섯은 한나절이면 활짝 피었다 녹아 버릴 만큼 아주 짧게 삽니다. 동틀 무렵에 하얀 알이 아주 천천히 땅을 뚫고 땅 위로 솟아올라요. 알 껍질이 찢어지면 주먹만 한 것이 불쑥 올라오는데 그게 바로 갓이에요. 갓은 그물처럼 움푹움푹 들어가고 우글쭈글한데 겉에는 질척거리고 끈적거리는 물이 덕지덕지 묻어 있습니다. 놀랍게도 녹아내린 초콜릿처럼 끈적거리는 물에는 식물로 치면 씨앗인 포자가 들어 있지요.

대모송장벌레가 노랑망태버섯에 날아왔다.

시간이 지날수록 노란망태버섯은 아주 빠르게 자라나 해 뜰 무렵이면 노란 망사 치마를 곱게 차려 입은 아리따운 버섯으로 활짝 피어난답니다. 알에서 버섯으로 피어나는데 4시간밖에 안 걸려요. 이렇게 활짝 피어난 노랑망태버섯은 얼마나 살까요? 안타깝게도 하루도 아닌, 겨우 10시간밖에 못 삽니다.

그래서 노란망태버섯은 모든 것이 '빨리빨리'예요. 땅속에서 흙을 뚫고 솟아오르는 것도, 키가 훌쩍 자라는 것도, 노란 망사 치마를 만들어 걸치는 것도 아주 짧은 시간 안에 후딱 해치워 버린답니다. 노란망태버섯은 활짝 피어난 지 두세 시간 뒤면 벌써 맥을 못 추고 썩어 가지요. 팽팽하게 펴졌던 노란 망사 치마는 서서히 쭈그러들고, 꼿꼿했던 버섯 자루는 바람 빠진 풍선처럼 힘이 없어져요. 오후가 되면 더 이상 버티지 못하고 아예 땅 위에 털썩 주저앉습니다.

노란망태버섯을 찾아온 파리들

이렇게 아주 짧게 사는 노란망태버섯은 이른 아침부터 썩은 냄새를 풍기며 곤충들을 기다려요. 포자를 옮기려면 곤충 도움이 필요하거든요. 해가 뜨자 드디어 노랑망태버섯에 곤충 손님들이 하나둘 찾아옵니다. 역시 가장 먼저 눈에 띄는 곤충은 파리네요. 크기가 3밀리미터도 안 되는 작은 초파리도 보이고, 묵직한 검정파리도 보여요. 파리들은 버섯 둘레를 서성이다 갓 위에 앉아 질펀하게 묻어 있는 끈적끈적한 물을 맛있게 핥아 먹습니다. 혹시나 자기를 노리는 천적이라도 나타날까 봐 바쁘게 둘레 눈치를 살피면서도 버섯을 맛있게 먹습니다. 노랑망사에 있는 젤라틴도 먹지요. 이때 끈끈한 물에 들어 있는 노란망태버섯 포자도 파리 입에 들어가요. 노란망태버섯에는 탄수화물, 단백질뿐만 아니라 무기질 같은 각종 영양 물질이 골고루 들어 있어요. 게다가 물기가 알맞게 섞여 있는 끈끈한 물은 파리가 핥아 먹기 좋습니다. 파리에 이어 노란망태버섯을 찾아온 곤충 손님들은 귀뚜라미, 대모송장벌레와 쥐며느리입니다.

수컷 암컷

대모송장벌레
몸길이 20mm 안팎

노란망태버섯을 찾아온 대모송장벌레

점심때가 되자 노란망태버섯은 시나브로 생기를 잃고 녹기 시작해요. 이때를 기다렸다는 듯이 송장벌레들이 모여든답니다. 송장벌레 무리 가운데 노랑망태버섯을 찾아오는 단골손님은 대모송장벌레예요. 우리 곁에 살면서 자주 마주치는 대모송장벌레는 딱정벌레목 가문에 송장벌레과 집안 식구지요. 송장벌레는 이름 그대로 동물 주검을 먹고 살아요. 어떤 동물이든지 죽으면 물질대사가 멈춰서 '죽음의 냄새'를 풍깁니다. 대모송장벌레는 이 냄새를 귀신처럼 맡고 날아와요. 버섯도 생명인지라 죽으면 썩어요. 그런데 놀랍게도 노란망태버섯은 썩으면서 주검 냄새와 아주 비슷한 지독하고 고약한 냄새를 풍깁니다. 그래서 가랑잎 속, 돌 틈, 흙 속에서 지내던 대모송장벌레가 노란망태버섯 냄새를 맡고 날아오는 것이지요. 꿩 대신 닭이라고 대모송장벌레에게는 썩은 노란망태버섯도 동물 주검 못지않은 훌륭한 밥이랍니다.

한 마리, 두 마리, 세 마리 하나둘 찾아오기 시작하더니 금세 여러 마리가 노란망태버섯에 모였네요. 대모송장벌레는 튼튼한 큰턱으로 갓과 자루를 야금야금 맛있게 씹어 먹습니다. 옆에 있는 동무들은 신경도 안 쓰고, 서로 많이 먹겠다고 다투지도 않고, 사이좋게 버섯을 먹지요. 30분쯤 우적우적 먹어 대니 드디어 자루가 꺾이면서 노랑망태버섯이 폭삭 땅 위에 주저앉았어요. 그래도 대모송장벌레는 다른 곳으로 날아가지 않고 주저앉은 버섯 위에 앉아 버섯을 알뜰살뜰하게 먹어 치우네요. 운이 좋을 때는 밥을 먹다가 마음에 드는 짝을 만날 때도 있지요. 그럴 때면 노란망태버섯 밥상 위에서 짝짓기도 한답니다.

노란망태버섯은 어떻게 곤충들을 불러들일까?

송장벌레와 파리들은 왜 노란망태버섯에 이끌려 올까요? 노란망태버섯이 풍기는 지독한 냄새에 이끌려 오지요. 노란망태버섯 갓에는 끈적끈적하고 묽은 물이 묻어 있어요. 이 물에 코를 대고 냄새를 맡아 보면 아주 고약한 냄새가 납니다. 생선 썩는 냄새 같기도 하고 똥 냄새 같기도 해요. 사람에게는 토할 듯이 역겨운 냄새지만 송장벌레나 파리들에게는 감미롭고 향긋한 냄새입니다. 밥맛을 쑥쑥 돋우는 냄새이지요. 똑똑하게도 노란망태버섯은 이렇게 지독한 냄새가 나는 끈끈한 물에 소중한 씨앗인 포자를 모아 두고 있습니다. 노란망태버섯은 동물처럼 움직일 수 없으니까 자손을 퍼뜨리려면 빗물이나 바람이나 곤충 도움을 받아야 하거든요.

노란망태버섯 속사정을 알기나 하듯 여러 가지 파리와 송장벌레들이 썩은 냄새가 나는 갓에 꼬여 듭니다. 맛있게 밥을 먹는 대신 다른 곳으로 날아가서 몸에 묻은 포자를 떨어뜨려 노란망태버섯에게 은혜를 갚습니다. 그저 예쁜 줄만 알았던 노란망태버섯이 곤충들을 불러들이는 꾀가 있다니 놀랍기만 하네요.

세밀화로 보는 정부희 선생님 곤충 교실 3

곤충은 어떻게 먹이를 찾을까?
여러 가지 밥을 먹는 곤충 이야기

2020년 3월 1일 1판 1쇄 펴냄 | 2025년 8월 2일 1판 3쇄 펴냄

글 정부희 | **그림** 옥영관
세밀화 이제호(나무), 이원우(약초), 안경자(풀), 장순일(풀), 박신영(풀), 손경희(수형)
편집 김종현 | **기획실** 김소영, 김용란
디자인 한아람 | **제작** 심준엽
영업마케팅 심규완, 양병희, 윤민영 | **영업관리** 안명선 | **새사업부** 조서연
경영지원실 차수민
분해 (주)로얄프로세스 | **인쇄와 제본** (주)프린탑

펴낸이 유문숙 | **펴낸 곳** (주)도서출판 보리 | **출판 등록** 1991년 8월 6일 제9-279호
주소 (10881) 경기도 파주시 직지길 492
전화 031-955-3535 | **전송** 031-950-9501
누리집 www.boribook.com | **전자우편** bori@boribook.com

ⓒ 정부희, 옥영관, 김종현, 보리 2020

이 책의 내용을 쓰고자 할 때는, 저작권자와 출판사의 허락을 받아야 합니다.
잘못된 책은 바꾸어 드립니다.
값 16,000원

보리는 나무 한 그루를 베어 낼 가치가 있는지 생각하며 책을 만듭니다.

ISBN 979-11-6314-106-8
  979-11-6314-103-7(세트)

이 도서의 국립중앙도서관 출판시도서목록(CIP)은 서지정보유통지원시스템 홈페이지(http://seoji.nl.go.kr)와 국가자료공동목록시스템(http://www.nl.go.kr/kolisnet)에서 이용하실 수 있습니다.
(CIP제어번호: CIP2020005702)

제품명 : 도서 제조자명 : (주)도서출판 보리 주소 : (10881) 경기도 파주시 직지길 492 전화번호 : (031) 955-3535
제조년월 : 2025년 8월 제조국 : 대한민국 사용연령 : 8세 이상 주의사항 : 책의 모서리가 날카로우니 다치지 않게 주의하세요.
KC 마크는 이 제품이 공통안전기준에 적합하였음을 의미합니다.